# Peer Feedback in the Classroom

Empowering Students to Be the Experts

Starr Sackstein

# ピア・フィードバック

## ICTも活用した生徒主体の学び方

スター・サックシュタイン
田中理紗・山本佐江・吉田新一郎 訳

新評論

# 訳者まえがき

ピア・フィードバックを授業に取り入れるということは、あなたにとっても馴染みがあるものではないでしょうか。私も、プロジェクト学習を進めていくなかで、また英語のエッセイなどを書く取り組みのなかで、ピア・フィードバックの実践を取り入れることがしばしばありました。ただ、そのなかで、生徒が「よかった」とか「普通だった」とかひと言コメントを書くだけで終わってしまうことに、ずっともどかしさを感じてきました。

それだけではありません。フィードバックをされる側の生徒が受け取りづらいような厳しい言葉を書いていたり、具体性に欠け、どこがよかったのか、どこをどのように直したらよいのかが分からないようなフィードバックを書いている生徒もいました。

振り返ってみると、どのような取り組みがあれば、生徒同士のフィードバックがより有意義なものになるのか、本書に出合うまで私自身がずっと分からないまま、生徒にただ「フィードバックをしあいましょう」と声をかけていたように思います。

その結果、ピア・フィードバックがとても形式的なものになっていました。発表している間、ただ聞いている状態になるよりは何かを書いてもらったほうがいい、お互いのエッセイを読みあうことが刺激になればいい、その程度の取り組みになっていたように思います。

本書を読んで、ピア・フィードバックの取り組みについて、もちうる可能性やその実践の広がりに圧倒されました。また、そもそも私自身が授業で生徒たちに伝えていたフィードバック自体がとても中途半端なものであったことにも気づきました。ピア・フィードバックのコメントを見て残念に思いながらも、自らのフィードバックについて十分に検討してこなかったことをとても気恥ずかしく思い、今では反省しています。

そこで、私は自らていねいにフィードバックをすることからはじめました。これまでとは違ったフィードバックの方法ですので、最初はすごく時間がかかっていました。次に、本書で学んだことを生徒と共有し、生徒に対して正直に伝えながら、ピア・フィードバックの取り組みにていねいに向きあうようにしました。徐々にですが、生徒のフィードバックのコメントにも変化が現れ、それが授業全体や学級全体によい影響を与えていると感じられるようになりました。

本書には、具体的なピア・フィードバックの実践方法だけでなく、どのようなところに目を向けていけばよいのかなどのヒントが三つのパートに分かれて数多く紹介されています。「パート1　フィードバックの力」では、ピア・フィードバックを生徒に教えるための理論的根拠（第1章）、お互いにサポートしあうクラスをつくること（第2章）、有意義なフィードバックとはどのようなものか（第3章）について紹介されています。フィードバックがもつ可能性についてだけでなく、よいフィードバックとはどのようなものなのかについての理解が深まり、フィードバックによって授業や学級が変化していく様子を具体的な事例に触れながら学ぶことができます。また、自らがフィードバックについてどのように取り組んできたのかを振り返れる内容にもなっています。

「パート2　フィードバックを生徒に紹介する」では、フィードバックの受け取り方と活用法を教えること（第4章）と、生徒がフィードバックのプロセスを理解できるようにすること（第5章）が紹介されています。ここでは、実際に起こるさまざまな状況について学びながら、フィードバックを通して生徒が成長するための支援について具体的な手順が学べます。

最後の「パート3　ピア・フィードバックの基本」では、エキスパート・グループの育成と維持（第6章）と、ピア・フィードバックを支えるICTの使用（第7章）について紹介されています。第6章では、エキスパート・グループのパワフルな実践が中心に紹介されていることもあり、フィードバックを通して生徒が大きく成長し、それを陰で支える教師の様子が目に浮かびます。そして第7章では、実践するための具体的なICTのツールが紹介されており、ピア・フィードバックの実践にとどまらず、コロナ禍の影響で広まりつつあるオンライン授業やオンラインとオフラインのハイブリッド型の授業にも役立ちそうな内容が説明されています。

また、各章の最後には「振り返りの問い」があり、それらの問いを使って自分の実践を振り返ることができます。同じ学校で教えている教師たちと本書のブッククラブを行い、この「振り返りの問い」についてディスカションをするだけでも、多くの気づきがあるでしょう。

翻訳するにあたり、日本の読者が参考にしていただけるように、一部の内容につきましては、英語特有の言い回しを変更したり、日本における教室の文脈にあうように加筆したりしました。また、テクノロジーは日進月歩ですので、本書を手にした段階ではさらに新しいものが出ている可能性もありますが、その点はご容赦ください。

正しく有意義なフィードバックができる存在が教師だけであるとしたら、その授業のプロセスが協働的であったとしても、教師が正解を伝達するといった講義型の授業になってしまうと思われます。一方、生徒同士が思いやりにあふれた具体的で学びの多いフィードバックができるとしたら、その教室には複数の正解があることになり、生徒と教師が互いに学びあいながら、成長を喜びあえる教室になっていくと信じています。

私と同じく、あなたにとっても本書がフィードバックを通して授業や学級をより良くしていくきっかけとなり、日々の実践を振り返る助けとなることを訳者の一人として願っております。

二〇二一年八月

田中理紗

もくじ

訳者まえがき　i
まえがき　3

## パート1 フィードバックの力　9

第1章　ピア・フィードバックを生徒に教えるための理論的根拠　11
第2章　生徒同士がサポートしあうクラスをつくる　26
第3章　有意義なフィードバックとはどのようなものか　63

## パート2 フィードバックを生徒に紹介する　75

第4章　フィードバックの受け取り方と活用法を教える　77

第5章 生徒がフィードバックのプロセスを理解できるようにする 100

パート3
# ピア・フィードバックの基本
131

第6章 エキスパート・グループの育成と維持 133

第7章 ピア・フィードバックを支えるICTの使用 175

おわりに 198

訳者あとがき 202

訳注で紹介した本の一覧 209

参考文献一覧 210

# ピア・フィードバック――ＩＣＴも活用した生徒主体の学び方

Starr Sackstein
PEER FEEDBACK IN THE CLASSROOM


Translated and published by SHINHYORON CO., LTD
with permission from ASCD.
This translated work is based on *Peer Feedback in the Classroom: Empowering Students to Be the Experts* by Starr Sackstein.


Japanese translation rights arranged with ASCD
(Association for Supervision and Curriculum Development)
through Japan UNI Agency, Inc., Tokyo

# まえがき

フィードバックとは、学習過程のなかで生徒[1]がもっとも個別化された指導を受けられる機会のことです。何がよいのか（および改善されたか）を認め、さらに改善するためにどのような方法が可能かを提示するとき、教師の話し方によって一人ひとりの生徒が成長する過程に深く影響を与えることになります。

多くの教育研究者が、学習の一部としてフィードバックを活用する効果について探っていますが、効果的なフィードバックが、提供する側と受け取る側の「学び」と「発達」を促進することを発見しました［参考文献1］。なかでも、ジョン・ハッティ[2]の論文「学校におけるフィードバック」［参考文献4］では、意図的なフィードバックに関する研究について、その効果とともに上手に行うための具体的な方法が論じられています。

（1）　本書では、生徒以外に「学習者」や年少の「児童」と目される対象も「生徒」という言葉で統一表記します。
（2）　(John Hattie) メルボルン大学教授。メタ分析によるフィードバック研究の第一人者。代表的著作に『学習に何が最も効果的か――メタ分析による学習の可視化教師編』（原田信之訳）と『教育の効果――メタ分析による学力に影響を与える要因の効果の可視化』（山森光陽監訳）があります。

「意図的」という言葉に留意してください。これが重要です。『グリット（やり抜く力）』[3]［参考文献2］（神崎朗子訳、ダイヤモンド社、二〇一六年）においてアンジェラ・ダックワースは、フィードバックと成長を手に入れるために、意図的な練習と目標設定の必要性を強調しています。

教師としての私自身の経験では、管理職、同僚、そして自分の授業を撮影したビデオ記録を見たあとは、自分自身からもできばえについてのフィードバックが得られます。そうすることで成長を必要とする領域を特定し、その領域での具体的な方法を明らかにして、前へ進めます。このようなフィードバックのサイクルを回し続けることで継続的な改善が約束されるのです。[4]

さあ、このようなフィードバックを互いに与えあえるように、生徒をエンパワーしましょう。

## ピア・フィードバックの力

長い間、生徒にフィードバックを与えることは教師である私の責任だと考えていました。傲慢にも、その職責を果たす唯一の人間だと信じていたのです（結局のところ、教室の中で学位をもっているの私だけですから！）。

時間が経つにつれて、私は重大なことを学びました。何年にもわたって多くの生徒たちを指導してきたおかげで分かったことですが、生徒は教師からのフィードバックより、生徒同士のフィードバックのほうが積極的に受け入れられるのです。基本的な指導と継続的なサポートがあれば、生徒は優れたフィードバックの提供者になれます。そのフィードバックには、読み手や聞き手といった視点からの、何がよいのかという鋭い指摘や改善に向けての建設的な方法が含まれています。

互いにフィードバックをしあうように生徒をエンパワーすることには別の利点もあります。それは、彼らが学習者としての自分自身に気づけることです。教えるということは、学ぶことにおける究極的な表現だからです。生徒にフィードバックを与えたり受け取ったりする機会を頻繁に提供することは、彼らの学習経験を豊かにする力強い方法となります。

## 本書の由来

生徒が主役となるほうがより多くの学習経験が積めると分かるまで、私は「メディア・アドバイザー」としてオンライン・メディア部門(5)が提供する内容とその修正を一人で牽引してきました。今のやり方は、レポーター役の生徒が記事のアイディアを思いつき、下書きを提出します。そ

(3)（Angela Lee Duckworth）ペンシルヴァニア大学の心理学の教授です。
(4)エンパワーする、ないしエンパワーメントは、「力を与える」や「権限を委譲する」と訳されることが多いのですが、「人間のもつ本来の能力を最大限にまで引き出す」ことなので、本書ではカタカナを使います。
(5)新聞やソーシャルメディアなどの媒体を使い、オンラインで学校から情報を発信する部門のことです。

れに対して、編集者役の生徒が私に代わってフィードバックを提供します。少なくとも、リーダーの生徒編集者四人が、それぞれの生徒レポーターたちと協力し、記事の内容とレポート技能を確実に向上するようにして、幅広い読者層に記事が正確に伝わるようにしています。この作業は、ウェブサイトで発行するすべての作品をつくりあげる過程において行われます。

制作におけるコントロールを生徒に任せたことで、とくに文章を書くことに助けを必要としている生徒との一対一のカンファランス(6)ができるだけのゆとりが生まれました。このカンファランスは、リーダーたちに伝える情報をさらにもたらすことになり、それによってリーダーは、より適切にレポーターのためのサポートができるようになります。リーダーたちが、自分自身で知る必要があることとレポーターの生徒にどのようにアドバイスをしたらよいのかについて確認することは、メディアで作品を発行する過程における重要な部分となります。

教師中心から生徒中心の学校新聞へと切り替えた経験により、どの授業にもピア・フィードバックを取り入れる価値があることに気づきました(7)。本書は、このようにして誕生したものです。

## 本書の構成

教師の権限を生徒に託したワークショップ・スタイルの授業においては、適切な指導を行うためのデータを集める必要があるわけですが、その間、生徒が意味のあるフィードバックを提供しあうために必要とされるツールを生徒に与えることが本書の目標です。ここで紹介されるアプローチの鍵となっているワークショップは、三つの要素で構成されています。

通常は、「成功の基準」(8)に沿ったミニ・レッスンからはじまり、生徒たちが実際にいろいろと「する」(9)ことを通して学び、最後に実際にしたことや学んだことを振り返る、または共有して終わるというパターンです。生徒中心のアプローチを用いることで、生徒は一人ないしグループで活動する時間が得られますし、教師は授業時間において、異なるレベルの生徒のニーズにより柔軟に対応するだけの時間が得られます。

---

(6)　相手の状況を把握したうえで、必要性の高い一つか二つをピンポイントで指導する方法です。ある意味では、教えることのもっとも本質的な方法と言えるかもしれません。カンファランスに興味をもたれた方は、ＱＲコードをご覧ください。

(7)　このピア・フィードバックを取り入れた生徒中心の学校新聞づくりについては、『成績をハックする』で詳しく紹介されていますので、興味をもたれた方はぜひ参照してください。

(8)　目標に対する達成度を測ると同時に、目標達成を実現するための方法も提供する基準のことを指します。以後、本書全体を通して「目標達成のための基準」と訳します。

(9)　実際に「書く」「読む」「探究する」などの時間が全体の約半分と、一番多くの時間を占めています。読み・書きについては、下のＱＲコードで見られる本の一覧が、社会科では『社会科ワークショップ』と『歴史をする』が、理科では『だれもが科学者になれる』が参考になります。

本書は、三つのパートに分けました。第1章から第3章では、フィードバックの力とともに、授業で意味のあるフィードバックとはどのようなものかについて探究します。第4章と第5章は、生徒がフィードバックできるように準備を整え、そして生徒に説明できるようにあなたをサポートします。そして、第6章と第7章では、ピア・フィードバックの要点を扱います。ここには、生徒と教師自身の言葉で語られた、ピア・フィードバックの経験豊富な実践者たちによる振り返りを含めました。それらのストーリーを読めば、この方法が「教えることと学ぶこと」に対して絶大な影響力をもっていることが分かるはずです。

以前は教師によってしかサポートが得られなかった授業ですが、今は、すべての生徒が自分たちの学びを深めるために協力して取り組む時間と空間が確保されています。そんな授業を思い描いてみてください。素晴らしいと思いませんか？　本書を読めば、それを実現することが十分可能なのです。あなたの教え方と学び方が変わる風景を想像してみてください。ワクワクしてきませんか？

# パート1

# フィードバックの力

# 第1章

# ピア・フィードバックを生徒に教えるための理論的根拠

あまりにも長い間、生徒は学びの主体性を発揮するための機会を奪われてきました。教室において教師が生徒を従属させるという伝統的な枠組みは、生徒が学びの主役になることをほとんど不可能にしています。このような枠組みでは、教師から方法やフィードバックが提供されるのを待つ間、生徒は「立ち往生」するしかありません。

一方、教師は、それらを与える権力をもっている唯一の存在ということになります。不幸なことに、一人の教師に対して少なくても二〇人の生徒がいるという通常の教室では、生徒は長く待たされるといった場面がしょっちゅう起こります。

もし、生徒全員が有意義なフィードバックを提供しあえるようにエンパワー(1)されたとしたら、

(1)　五ページの注（4）を参照してください。

教室内の学びがどのように変化するのかと想像してみてください。生徒は、学ぶために受身で待つ必要がなくなり、自分自身の学習プロセスに責任をもち、前進することができるのです。この章では、生徒が学びのなかで果たすべきより大きな役割と、それを可能にするために必要とされる要素を探究していきます。

## 生徒がエキスパートになれるように、ピア・フィードバックでエンパワーする

すべての生徒が、エキスパート[2]になれるだけの潜在能力をもっています。教室における教師の最初の仕事は、生徒を知ることです。そうすれば、生徒の強みも特定できますし、それを伸ばすこともできます。そして、その過程では、クラスメイトにとって効果的なエキスパートになれるように生徒をエンパワーすることもできます。

どの領域やテーマでも、生徒それぞれが輝けるように異なる機会を提供します[3]。自分のもっている専門的な知識や技能を互いに共有するという責任感が、最高レベルの学び方、つまり生徒たちが教えあうという状況を育むことになります。

このような新しい教え方・学び方では、それぞれの生徒が自分なりの見方、考え方、好み[4]をもち込むことになりますので、自ずと一人ひとりをいかした学びになります[5]。要するに、生徒たち

は、学んだり教えたりするための「正しい」方法が一つでないことを、自らの体験を通して理解するのです。

もはや、教師が教室におけるただ一人のエキスパートである必要はありません。実際、オンラインにあふれている大量の情報によって学び方が変わってきていますので、ある特定のテーマについていえば、教師よりも生徒のほうがよく知っているという状態は決して珍しいことではありません。この事実は、恐れるべきものではなく、生徒と教師がともに学びあうという新しい機会の扉を開く刺激的なことなのです！

あなたのクラスの生徒が特別なテクノロジーの才能をもっており、アイムービー（iMovie）やプレジ（Prezi）[6]を使って美しいプロジェクトをつくりだしたとします。あなたは、その芸術性

---

（2）特定の分野で知識や経験を積むことでなれる熟練した専門家です。

（3）内容領域やテーマが常に教師から提供されていると難しいでしょう。内容、テーマ、興味関心、好奇心を生徒たちが出せるようになり、教師と生徒が相談しながらカリキュラムをつくりだすことがこのための条件となります。とはいえ、最初からは難しいので、当初は教師が複数の選択肢を提供することが不可欠です。参考になる本としては、『あなたの授業が子どもと世界を変える』、『教育のプロがすすめる選択する学び』、『「おさるのジョージ」を教室で実現』、『教育のプロがすすめるイノベーション』などがあります。

（4）ほかには、強み、学び方のスタイルやスピード、これまでの学習履歴、興味関心やこだわりなどがあります。

（5）詳しくは、『ようこそ、一人ひとりをいかす教室へ』を参照してください。

に圧倒されることでしょう。しかし、その一方で、ほかの生徒たちにそのツールの使い方について教えられるほどのレベルになっていないと言って悩むかもしれません。

　そんなとき、ビクビクしたり、ツールを習得するために短期集中コースを受けるといった必要はありません。代わりに、その生徒にランチ・ミーティング[7]やテクノロジーについての特別授業をしてもらうように頼んでみてはいかがですか。生徒がもっている専門知識やスキルを、クラス全体の利益のために共有するようエンパワーしてください。そうすれば、誰もが恩恵を受けることができるのです。

　教師がさまざまな提案に対してオープンな人であると分かること自体が、生徒たちにとっては大きな学びとなります。また、そのような状態は、伝統的な教師の役割とは明らかに対照的なものといえます[8]。

　このような変化は、決して簡単ではありませんし、瞬時に起こるものでもありません。実際、教師が主導権を引きわたすことが難しいように、生徒のほうも主導権を握ることが困難だと思うかもしれません。それゆえ、たくさんのエキスパートたちで構成される教室をつくるために、生徒たちが自立心とセルフ・アドボカシー[9]をもてるようにする必要があります。そのためには、よい結果を得るまでの十分な時間とともに繰り返しの練習が必要となります。

## 自立心の構築

エキスパートとして生徒をエンパワーするためには、彼ら自身が自らの学習をある程度コントロールする必要があります。伝統的な教育システムは、生徒の行動や学びの訓練に際して、生徒にとってのベストよりも教師にとってのベストを優先しているので、生徒の自然な好奇心をなえさせてしまうことが多いのです。つまり、生徒を麻痺させたり、生徒自身が探究するのを困難にさせたりして、教師がコントロールをしすぎているということです。

(6)　前者はアップルのビデオ編集ソフトで、後者はPrezi Inc. が開発しているプレゼンテーションソフトです。
(7)　昼食時に行われる気軽な学習会のことです。生徒の得意分野で活躍してもらう方法については、『「学校」をハックする』(とくに「ハック5」) と『学校図書館をハックする』(とくに「ハック4」) を参照してください。
(8)　翻訳協力者から「早速実践しました。コロナ対策として卒業式の会場を分散させたとき、映像とコンピューターに詳しい生徒に遠隔中継システムを組んでもらったのです。その仕事が素晴らしかったので、後輩にもその技術を伝えて、テクニカルチームをつくるようにお願いしました。その生徒は、本当にうれしそうに私の依頼を承諾してくれました!」というコメントがありました。本書の内容が実際に役立つことを期待しています。
(9)　他人に依存するのではなく、自らが責任を引き受けることと、他人に理解してもらうために自分のことを主張するようになる状態を意味します。

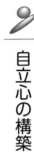

対照的に「失敗送り[10]」、すなわち失敗を失敗のままで終わりにするのではなく、成長のための機会と見なすように力づける雰囲気が大切です。それは、生徒を夢中にさせ、自分の強みとチャレンジへの気づきを深めて、生徒も教師も成長するための無限の機会を広げます。そのような環境は、単なる一時《いっとき》のテーマというよりも、信頼を築きあげ、学習プロセス全般における意欲を構築することになります。無限の可能性に向けて扉を開くことによって、学ぶこと自体をワクワクさせるのです。

このような特徴を具体化する教室文化を創造すれば、生徒たちを「自信をもってリスクをとる人」に育てることができます[11]。そのような人は、イノベーションを起こすことに興味をもち、自分にあった方法で成長します。内容をカバーすることに加えて、個人の成長を育むことによって教師は、自分の考えを追求し、罰を受けたり失敗を恐れることなく、協働する機会を生徒に与えられるのです。

## セルフ・アドボカシーの発達

自立心を高める文化の構築とともに、教師は生徒にセルフ・アドボカシーの感覚、すなわち自分自身を知るように促して、自分にとってもっとも効果的な方法でニーズを満たすという感覚を植えつけることができます。

ひょっとすると、「教師」という存在の重要性が低下すると思われる人がいるかもしれませんが、実際はその逆で、このような状況でこそ教師の役割が以前よりも重要になります。生徒のセルフ・アドボカシーを発達させる授業は、生徒の違いを考慮せずに一つの教え方ですべてを満たすという伝達型の教え方ではなく、一人ひとりの生徒のニーズを満たすという教え方を意味するからです。(12)

セルフ・アドボカシーのスキルは幼稚園のときから教わるべきものです。たいていの場合、質問をすることとともに、一生を通して役に立つ重大なスキルだからです。学びの主役として生徒は、どんなときに助けを必要とし、どうすればそれを得られるのかについて知る必要があります。生徒の学び方の好みにあわせてサポートを柔軟に提供することが教師の役割なのです。

(10)（failing forward）聞きなれない言葉ですが、映画の『ペイ・フォワード　可能の王国』（ミミ・レダー監督、二〇〇〇年）から来ています。日本語では「恩送り」と訳されているようです。「誰かから恩を受けた（親切にしてもらった）場合に、その人に恩を返す（恩返しをする）のではなくて、その恩を別の人に送ること」と説明されています。「生産的失敗」なども考慮しましたが、「恩送り」にならって「失敗送り」にしました。

(11)　この点については、『教育のプロがすすめるイノベーション』と『オープニングマインド』がおすすめです。

(12)　これこそが、『ようこそ、一人ひとりをいかす教室へ』で紹介されている方法です。

このように、教師の目標は二つあります。一つは、生徒が自らのニーズをはっきりと言えるようにすることで、二つ目はそのニーズを最大限満たすための行動がとれるようにすることです。

## 成長を育むピア・フィードバック

フィードバックは相互に働きかけるプロセスですから、本当に自分のことが分かっている生徒でないと、効果的にクラスメイトを評価し、フィードバックを提供することは難しいでしょう。フィードバックの与え手と受け手がかかわりあうことで、双方を学習者として成長させ、自分の学びに対してより賢明な判断ができるようにします。適切な質問をして情報を分かちあい、課題を特定し、改善するための方法を提供することによって、すべての生徒が学ぶ能力を高められるのです。[13]

伝統的には、生徒が必要としているフィードバックを提供できる唯一の人物として、教師は引っ張りだことされるエキスパートでした。[14]しかし、マインドセットを変えると、教室には多くのエキスパートがいて、クラスメイトの学習を助けられることが分かります。教師は、曖昧な点をはっきりさせる質問を生徒同士でしあうことや、矛盾点の指摘について生徒に教えることができます。しかし、本当に重要な部分は、助けを求めている生徒にフィードバックから得たいことを具体的に示すように教えることです。

私が教えている生徒の一人が、「クラスメイトに助けを求めたことで成長をもたらしてくれた。ピア・レビュー[15]（ピア・フィードバック）はとてもいい方法だった」と振り返っています。

> この課題に取り組んでいると、次のレベルのスキルに到達することができました。その週はずっと、クラスメイトと二人一組になって互いの脚本をピア・レビューするように求められました。この活動によって私は誠実さを身につけ、ほかの人が何を書けるのかということと、ほかの人の目に自分の作品がどのように映ったのかが分かりました。私の脚本をほかの人に見てもらうことで間違いを指摘してもらえましたし、ほかの人の作品を読むことで新しいアイディアが得られました。

---

(13)　翻訳協力者から「このために、当然ですがルーブリックが示されている必要がありますし、知識・技能についてのミニ・レッスンが必要ということになります。新指導要領に対応した授業が求めていることと一致しますが、理解できている教師は少ないと思います。新型コロナとＧＩＧＡスクール構想という、目の前にある問題の対応ばかりに忙殺されています」というコメントをもらいました。すべての生徒の学ぶ能力が高まれば、自ずと目の前の問題解決につながるという逆転の発想が必要になります。

(14)　これまでの教育や経験などによって形成される思考様式や考え方や心構えのことを指します。

(15)　共通の知識をもつ者同士で評価や批評をすることです。

生徒に責任感をもたせることに落とし穴がないわけではありません。また生徒は、常にチャレンジするわけでもありませんし、クラスメイトを助けることにためらいを見せるといったこともあります。これらには多くの理由が考えられますが、次の二つのどちらかであることが多いようです。

個々の生徒の主体性や興味が欠けているか、教師の期待していることに対する理解が曖昧だったり、十分なサポートがなかったりするからです。機能停止が起こったところを理解すること、そして特定の問題に対する解決策を見いだすことが重要となります。[16]

フィードバックのプロセスは、何もないところで起こるようにはデザインされていません。実際に、生徒の学習、協働、リーダーシップのスキルを強化するようなチャレンジの機会を提供します。次に紹介するのは、高校新聞の編集長だった生徒の経験談です。時には困難を伴うことがあったという回想録です。

---

三年前、高校の最終学年だったとき、私は学校新聞『ブレイザー』の編集長という名誉を与えられました。私の人生における大きな転換期に学校新聞のスタッフであったということは、自己表現したいという私の意欲を高めました。私は、自分の書き方の正確さを改善しただけではなく、興味をもったテーマについての記事を書き、建設的な批評を伝えるために自

らの能力を高め、仲間と協働することの価値についても学びました。

また、編集長として、顧問（著者のこと）と永遠の絆を結ぶこともできました。生徒のリーダーたちが自分のスキルを開発するために顧問は不干渉という方針をとっていましたが、この援助なしには、どうしたらよいフィードバックが与えられるのか、よいリーダーになれるのかについて学ぶことができなかったと思います。

誰しも、自分の書いた記事が標準以下だとは言われたくないものです。私の場合、伝え方次第でそれが変わり、改善の方法に的を絞ることで、親切で効果的にフィードバックできることを学びました。

私は、対面によるコミュニケーションが本物で、影響しあえると思っていましたので、できるだけ多く「一対一」のミーティングをもつようにしました。この方法によって、ほかの

(16)　翻訳協力者から「一般的な公立の学校では、さまざまな学力の生徒が集まります。それぞれの力をつかみ、一歩でも前進させることを目標にしますが、学校によっては低学力と言われる生徒の集団が形成されている場合があります。教科書やテストに基準をもっていくと、興味を引き出すことができません。学びから逃走してしまった状態で、生徒に下駄を預けられるという教師はいないと思います。無計画に放牧して、結局は『生徒の責任』にして教師が逃げてしまうといった状況にならないようにするためには、教師の学びが欠かせないと感じる部分でした」というコメントをもらいました。生徒の学びと教師の学びはつながっているのです。

書き手の話を聞き、また実際に聞いてもらうことで自信がつきました。対面で提供するコメントに比べて、ディジタルでのコメントは無視されやすい傾向があります。

どんなチームのプロジェクトでも、時々つくりだす過程で不一致が起こります。その一例を挙げます。

あるレポーターが私のリーダーシップ能力に疑問をもち、私のフィードバックを無視しました。最初、私はこのメンバーに怒りを覚えました。直接伝えられなかったこともあり、彼の意見は失礼だと思うようになりました。

しかし、私は対立を恐れました。どうしたらこの不満感をうまく解消することができるのか分かりませんでしたが、リーダーとして何かをすべきだという責任だけは感じていました。そして、この状況を分析するために一歩引き下がって、これは私一人の問題としてとどめておくべきことではなく、言葉によってほかの人の能力を傷つけるといった行為は容認できないと結論づけました。

私に対する顧問の信頼と事件前後のサポートが解決への後押しとなり、何度か心のこもった話し合いの末、結論にたどり着きました。その結果、このレポーターは辞めることになりましたが、チームは前進し、残りのメンバーと私はよりオープンなコミュニケーションがとれるようになったのです。

リーダーとして必要な資質とされる編集長の知識を、私はすべて備えていたわけではありません。私も、仲間と同じように生徒でしかありませんから。しかし、この対立によって、私が優先しているのは個々の能力ではなく成長だということを示せたと思っています。チームワークは、一つのリーダーシップ・スキルです。それは、編集長というポジションによって簡単にエゴが膨らんでしまうという状況のなかで、「地に足をつける」という拠り所を与えてくれました。

私のリーダーとしての役割は、卒業しても終わりとはなりませんでした。大学三年生の終わりに近づいている今、三学期にわたって専任助手を務めていますし、次年度もそのポジションに任命されると思っています。この役割には、リーダーシップ、協働、組織的なスキルが求められ、対立や時間管理、人間関係の問題処理などが必要とされます。

大学に入学した直後のインタビューで、チームの対立を解決したときのことを紹介するように求められたので、私はここで紹介したことを一生懸命説明しました。協働と対立解消といった履歴だけでそのポジションが得られたわけではないと思いますが、ブレイザー高校での経験なくして今日の私は絶対にないでしょう。

学業面でも、書き方における私のスタイルはほめられました。教授たちは、「(書き方などの) ルールを破るのがうまい」とほめてくれましたが、これはジャーナリストとして簡潔さが求められることから生じたものだと思います。また、高校時代に行った新聞づくりという取り組みのおかげで、教授たちのコメントに対して疑問をぶつけるといった行動に恐れを感じることはありませんでした。さらに、私は自信をもってピア・レビューに参加しています。なぜなら、ピア・レビューのプロセスによって最終的な作品が本当に向上すると確信しているからです。

フィードバックを恐れる必要はありません。それは、最高の目的が与えられ、成長のための大きな機会をつくりだすものです。

（デボラ・コスナー）

---

デボラが話すストーリーは、決して稀《まれ》なことではありません。教師が生徒に対立を解消させ、状況をコントロールさせるとき、意図した形でも、意図しなかった形でも生徒は成長します。そして、教室をより豊かで、学ぶための意味ある場所にします。しかし、そのようなダイナミックな学習空間をつくりだすためには、安全かつサポートしあう文化を教室において育てなければなりません。そこは、生徒がリスクをとったり、失敗したりしても大丈夫だと思えるところです。最後の点が第2章で探究するテーマとなります。

## 振り返りのための問い

❶あなたのクラスで、必要なリスクを生徒にとらせるために何を変える必要があるでしょうか？

❷意図しない成長の結果にはどのようなものがあるでしょうか？　そこから、どうすればさらに成長を促すことができるでしょうか？

❸もし、あなたのクラスにおいて生徒のリーダーシップが出現しないなら、その最大の壁は何だと思いますか？

# 第2章 生徒同士がサポートしあうクラスをつくる

「さあ、今日からお互いにフィードバックをしあいましょう」と声をかけたからといって、クラス内にピア・フィードバックを取り入れることはできません。教室は、公園のような側面をもっているといえるかもしれません。もし、すべての子どもに公園で楽しく遊んでもらいたいのであれば、私たちは温かく出迎え、お互いに尊重しあえるための雰囲気づくりをしなければなりません。新しいことに挑戦したり、正直に生徒が自らの内面を話せるように、安全な学習環境をつくる必要があるということです。

まず、生徒がお互いの学びを共有することが心地よいと感じられるようにする必要があります。そうすれば、自信をもって、相手の作品に対してフィードバックができるようになります。より深い学びを起こすために、私たち教師が行う選択の一つ一つによって、そのようなダイナミックなプロセスを支援することが大切となります。

この章では、どのようにして生徒同士が尊重しあい、助けあうことのできる環境がつくれるのかについて考えていきます。そのような環境では、仲がいいだけでなく尊重しあっており、日々のルーティンの活動があり、お互いの成長や失敗を認めあいながら生徒たちが主体となって進めていくことができます。

また、この章では、生徒たちが主体となって進めている実際の事例を紹介することで、どのような教室なのかがイメージできるようにもしています。

## よい関係を築き、尊重しあう

年度初めは、何にも増して生徒といい関係をつくることが大切です。彼らの興味関心を見つけ、自分たちが何を大切にしているのかということについて、彼らに共有してもらう機会をつくりましょう。

生徒とよい関係を築くということは、あなた自身が教師としてかかわるのではなく、一人の人間としてかかわることを意味します。まず、あなた自身が率先して、自分の学校での経験や家族について話すのがよいでしょう。だからといって、言いづらいことまで打ち明ける必要はありません。しかし、生徒があなたを一人の人間と認識したとき、彼らもあなたに対して、またクラスメイトに対しても、自分の内面について話しやすくなります。

互いに尊重しあうクラスをつくることが目的なわけですが、気分がよくなるポジティブな経験を共有するだけでは難しいでしょう。ただ、初めの一歩としてはよいスタートだといえます。教師は生徒のプライドを守り、否定的な決めつけを教室から可能なかぎり取り除く必要があります。生徒たちが、心ないことを言いあったり、理解できない仲間をバカにしたりするようなことは決して受け入れてはいけません。

すべての教室の活動や状況において、いかなる声も大切にされ、尊重されていることを確実なものにするため、日ごろから気にかける必要があります。「尊重すること」を勝手に身につけてもらうというのではなく、「尊重すること」をしっかりと生徒に教え、教師自身がモデルとなって示し続けるということです。

生徒たちは、教師の先例にならおうとするものです。それゆえ、質が高く、相手を思いやるフィードバックを生徒たちから引き出すためには、初日から教師自身がそれを示し続ける必要があります。これこそが一番よい方法だといえます。また、生徒たちに尊重しあってほしいのであれば、教師が話すときに生徒たちを尊重し、対立を受け入れ、さまざまな視点から生徒たちに語りかけましょう。いくつかの例を紹介します。

❏開かれたフォーラム(1)をもちます。そこでは、生徒の学習環境に影響を及ぼしているさまざまなテーマや課題に対する声（意見）や提案を聞きます。学級運営から、プロジェクトに関するフィードバックやグループ分けに関するものまですべてです。

クラス全体の話し合いでアイディアを共有したり、無記名で発言できるようにしたりするだけでなく、クラス全体に伝えてもらうことについて教師と個人的に話して、提案するというのもよいでしょう。また、ツイッターも、生徒たちがそれぞれ感じていることを自由に表現するためのよいツールだといえます。

❏教室の学びに関して、生徒たちからフィードバックを引き出すアンケートを行います。その結果をまとめて生徒たちに伝え、あなたの教え方を修正・改善するとよいでしょう。次ページに掲載した**表2－1**は、教室でのアンケート例です。私が尋ねたことがある質問を紹介します。

・今まで取り組んだテーマで一番役に立ったのは何ですか？
・今までの課題で、何が役に立ったと思いますか？　また、それはなぜですか？
・今までの課題で、一番意味がないと思ったのはどれですか？　それはなぜですか？
・もっと時間をかけてほしかったと思ったのは何ですか？

---

（1）安心して何でも話しあえる場のことです。

表2－1－1　教室でのアンケート例

**AP(＊1)文学授業評価フォーム**

　このアンケートは、教師へのフィードバックのためのものです。正直にあなたの考えを書いてください。これは成績などには一切使われず、授業をより良くするためだけに使用します。改めて、あなたのフィードバックに感謝します。

**授業で扱ったテーマで一番役に立ったのはどれですか？**

　当てはまるものを選んでください。たくさんでも、少しでもかまいません。

□詩
□『動物農場』(＊2)――作品で用いられた書く技法について
□風刺――『穏健なる提案』(＊3)
□風刺――『ガリバーの冒険』(＊4)
□『大いなる遺産』(＊5)――連続して書かれた成長の物語
□分析的な文学の論文の書き方
□『グレイト・ギャツビー』(＊6)――壮大なアメリカの小説
□『高慢と偏見』(＊7)――歴史的な描写
□『ハムレット』(＊8)――シェイクスピアの悲劇
□『ローゼンクランツとギルデンスターンは死んだ』(＊9)――不条理演劇
□研究論文
□文学ブログ
□その他

（＊1）APとは、「Advanced Placement」の略です。高校生に大学の初級レベルのカリキュラムと試験を提供する早期履修プログラムです。

（＊2）ジョージ・オーウエル（George Orwell, 1903～1950）が1945年に著した寓話小説です。

（＊3）ジョナサン・スウィフト（Jonathan Swift, 1667～1745）が1729年に発表した風刺文書です。

（＊4）ジョナサン・スウィフトの一番有名な作品です。

（＊5）チャールズ・ディケンズ（Charles John Huffam Dickens, 1812～1870）の長編小説です。

（＊6）F・スコット・フィッツジェラルド（Francis Scott Key Fitzgerald, 1896～1940）が1925年に発表した小説です。

（＊7）1813年に発表された、ジェイン・オースティン（Jane Austen, 1775～1817）の長編小説です。

（＊8）シェイクスピア（William Shakespeare, 1564～1616）が1601年ごろに書いたとされています。

（＊9）トム・ストッパード（Sir Tom Stoppard）の戯曲です。『ハムレット』の最後に登場する二人を主役にして、『ハムレット』の裏側で彼らに何があったのかを描いています。

表2－1－2　教室でのアンケート結果

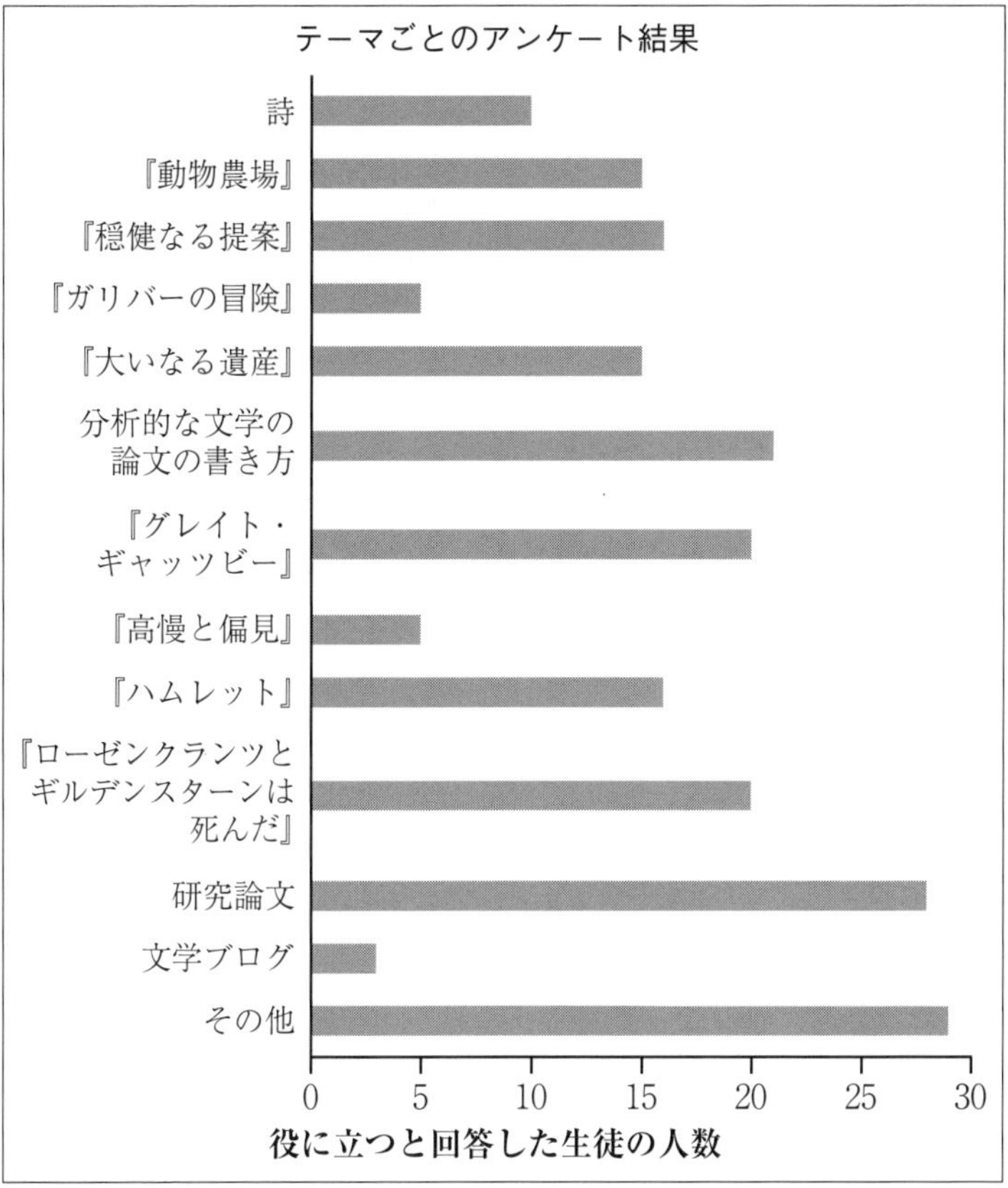

| 生徒B | | | |
|---|---|---|---|
| 私が今まで一番意味がないと感じたのは、CPASでした。もしかしたら私だけかもしれませんが、あまり刺激がなく、やっている間、行き詰まりを感じてしまいました。風刺の単元は、概ね私にとっては退屈なもので、教育的な意味あいが少ないように感じました。正直に言うと、好きではありませんでした。 | 19世紀の小説よりも20世紀の小説に時間をかけたほうがいいと感じました。とくに『動物農園』です。この単元は、ペースが速すぎるように感じました。私にとってはとても興味深かっただけに、もう少しゆっくり読み解きたいとも感じました。一方、『ガリバーの冒険』、『大いなる遺産』、『高慢と偏見』は、すべてが退屈で、おそらく二度と読まないと思います。 | 私は、『大いなる遺産』が成長物語であることは理解しました。でも、『ライ麦畑でつかまえて』(＊2)を読んだほうがずっといいと思いました。いつの時代も『ライ麦畑でつかまえて』は代表的な成長物語ですし、これについて授業内で分析できたら素晴らしかったと思います。 | この授業では、課題がいっぱいあるんだろうと私は思っていました。そして、その通りでした。ペースはちょうどよかったと思います。課題に圧倒されることもなかったですし、たとえ課題に圧倒されそうになったときでも、やり遂げた達成感は何ものにも代えがたいものでした。その達成感のおかげで、時間内に終わらせることができたときの大変さを乗り越えられました。 |

（＊1）（Class preparation assignments）生徒が授業前に行う課題のことです。反転授業等で用いられます。

（＊2）1951年に発表されたJ・D・サリンジャー（Jerome David Salinger, 1919～2010）の長編小説です。

表2－1－3　教室でのアンケート結果（続き）

| 宿題のアンケートに対する二人の生徒（AとB）の回答 | | | |
|---|---|---|---|
| **今までの課題のなかで、一番意味がないと思ったのはどれですか？それはなぜですか？** | **もっと時間をかけてほしかったと思うことは何ですか？** | **選書についてはどのように思いましたか？** | **授業のペースや範囲は適切だったと思いますか？** |
| 生徒A | | | |
| CPAS(＊1)の課題が多かったことが、もっとも意味がないと感じました。なぜなら、すでに授業でそれについて議論をしたり、練習していたので、私には無意味だと感じました。 | AP試験の対策にもっと時間をかけてほしかったです。テストのための週は全体的に急ぎすぎているように感じましたし、ゆっくりと、年間を通して取り組んでもいいように思いました。 | 選書はとてもよかったです。古典的で、みんなが話題にし、大学へ進学する以上、知っておく必要のある本が挙げられていました。とはいえ、オリジナリティーがある本をでたらめに選んでも面白いかもしれません。幅をもたせるために、みんながあまり知らないサイエンスフィクションのようなものです。 | 私は、授業のペースや範囲はちょうどいいと思いました。最初は、リアクションペーパーの時間が怖かったです。でも、一度やり方を理解したら、授業のなかで一番簡単な課題の一つであることが分かりました。 |

・読み物資料の選択についてはどのように思いましたか？
・授業のペースや範囲は適切だったと思いますか？
・あなたがこの教室で身につけたスキルは何ですか？
・あなたのニーズを満たすために、十分なカンファランスの時間[2]は提供されていましたか？
・今年は、カンファランスに向けての準備と記録はグーグル・フォーム[3]を使いました。これは、あなたにとって役に立ちましたか？
・今後、私がこの授業を教えるにあたって、何かアドバイスはありますか？

❏フィッシュボウル（金魚鉢）[4]をクラスでします。円をつくって、数人の生徒がほかの生徒の真ん中に座り、カンファランスやグループワークなど、フィードバックを伴うロールプレイを行います。実際のやり取りが終わったあとはクラス全体で話し合います。生徒たちはさまざまなフィードバックのシナリオや状況を見て、どのようにしてそれを取り扱い、尊重しあう学びの文化をつくるためにどうすればよいかと考えます。

## 日々のルーティンをつくりあげる

日々のルーティンをつくりあげることは、学びの環境において関係性と期待を育むのに必要不可欠なものとなります。生徒たちの信頼を得るためには一貫性がとても大切です。教師が行う一番望ましくない選択は、年度初めに柔軟な姿勢を見せすぎて、生徒たちに何を期待しているのかが明確に示せないことです。

教室に日々のルーティンをどのようにつくりあげていくかは、生徒の年齢やレベルによって変わります。しかし、その基本となる考え方は変化しません。生徒たちは、「どのように」、また「なぜ」さまざまな出来事が起こっているのかについて理解する必要があります。ルーティンは、教室運営という全体的なシステムのなかで適切に与えられるべきものです。

今述べた「一貫性」と「停滞」を混同してはいけません。日々のルーティンは、生徒たちの成長にあわせて調整されていくべきです。すべての生徒のニーズが満たされるような、適切なやり

---

(2)　教師と生徒の個別対話であるカンファランスは、ワークショップ・スタイルで行われる授業の中心に据えられている教え方です。詳しくは、「作家の時間、おすすめ図書」で検索して見つかるリストのなかから、面白いと思えるものを読んでみてください。また、二つの無料ブログ「ＷＷ＆ＲＷ便り」と「ＰＬＣ便り」の左上に「カンファランス」を入力して検索すると大量の情報が見つかります。

(3)　グーグル社が無料で提供するアンケート作成ツールです。簡単に作成できるだけでなく、アンケートを収集し、集めたデータの分析機能も付いています。

(4)　これは小学一年生でもやれる活動です。詳しくは、『読書がさらに楽しくなるブッククラブ』の一七四～一七六ページを参照してください。詳しいやり方が紹介されています。

方を考えましょう。行く行くは生徒たち自身が日々のルーティンをつくり、支えていくようにすることもできます。

たとえば、年度初めに、「ディスカションをするときには、必ず教師が問いを出し、目標を伝えたあとに生徒が各自でそれを書き留め、小さなグループやペアで話してから最後に全体で話し合う」というルーティンを生徒に提示したとします。このような方法の場合、最低でも一度は生徒自身の考えについて話をする機会を保証することにはなりますが、やはり教師が主導する方法だといえます。

さて、年度の終わりには、教師の問いではなく、生徒自身の問いをもとにして話し合い（ペア、小さいグループ、全体でも）、そのあとに同じプロトコール（手続き）で生徒がそれぞれの問いを探究していくようなプロセスをたどったり、生徒にディスカションを委ねたりすることもできます。このような状況においては、教師はディスカションをリードするというよりはファシリテーターのような役目を担います。

## 成功や失敗を認めあう

それぞれの生徒には多様な強みと弱みがあります。真の学びが起こるためには、失敗が起きることを恐れるのではなく、失敗を歓迎するような雰囲気が大切となります。私たち教師が「失敗は学びの機会である」と認識すれば、生徒は大きな挑戦をしてみようと思うでしょうし、さらなる成長につながるでしょう。

日々のルーティンのなかで成功と失敗の両方を認めあうことを取り入れ、まだうまくできないことに対して生徒が挑戦したくなるように後押しすることを私は提案します。これから紹介するのは、前向きに失敗をして、学びのための安全な雰囲気をつくっていくための方法です。

❏一番間違っていると思う答えを、生徒たちが共有する機会を提供します。念のために言いますが、誤植についてではありません！　クラスの話し合いが硬直化しているように感じたら、生徒に絶対間違っている答えを紹介してもらい、凍りついた授業の雰囲気を変えてもらうのです。そうすれば、生徒が内容について考え直し、これまでとは違った視点から考えることが奨励され、楽に話し合える雰囲気がつくれます。

間違っている答えを探すことが目的ですから、通常、発言することに抵抗を感じている生徒も話し合いに参加しやすくなります。そして、紹介された間違いの答えから、正しい答えは何かという話し合いができます。しばらくすれば、間違った答えを出すことは問題ではなく、「むしろいいことだ」という雰囲気をつくりあげることでしょう。年少の生徒のほうがこの活動にはすぐに慣れますが、もちろん高校生も楽しむことができます。

❏挙手をして話すのではなく、軟らかいボールやオモチャを投げることで、誰に発言権があるのかを明確にします。お互いに名前を呼びあうことを促し、間違いを恐れるのではなく、誰かの意見に付け足したり、それを踏まえた意見を出したりすることを奨励します。

❏生徒の作品や取り組みに対して、温かくかつ冷静なフィードバックを提供する仕方を教え、モデルとして示します。そのとき、まずは「よかった点」を指摘します。そのうえで、質問をするか、フィードバックの受け手が違った視点で考えられるアイディアを提供します。これに取り組む最初の段階では、発言や作品が誰のものであるのかが分からない⑤ほうがよいでしょう。しかし、しばらくしたら、自分の言葉やフィードバックにオウナーシップをしっかりもたせることが大切となります。

❏単元の終わりごとに、生徒の間違いや失敗が成長にどのようにつながったのかを確認し、成長をともに祝います。短期的な間違いや失敗が前向きな成長につながるということを、生徒が理解できるようにします。

❏あなた自身の失敗や間違いを生徒と共有し、それがいかに成功につながっていったのかについて説明します。たとえば、私はある年に『高慢と偏見』（三〇ページ参照）に書かれていることを題材として取り上げて、お茶を飲みながらのブッククラブを企画しました。そのとき、私は十分な準備をしていなかったので、ブッククラブはうまく進みませんでした。だから私は授業の途中でそれを止めて、より良くするためのアイディアを生徒とともにブレインストーミングし(6)、翌日にやり直すことにしました。たくさんのアイディアと追加された準備によって、二日目のブッククラブは大成功でした。もちろん、すべての生徒が積極的に貢献してくれました。

失敗を奨励することに加えて、前向きな成長を個別に、および全体の前で承認することが大切です。また、生徒たちの成長を、ともに喜ぶ時間をつくることも大切です。可能なかぎり成長を喜び祝うことに、修正や改善をする場合と同じぐらいの時間を割きましょう。理想的には、生徒が成長したところをそのときにたくさん取り上げて、あなたが生徒たちの成長をいつも見守っていることが伝わるようにします。

生徒たちは、期待しているほどのスピードで成長していないように感じてしまい、もどかしく思うことがあります。そのため、たった一人でも自分の成長に気づいている人がいて、生徒自身がその成長を確認できることがとても大切なのです(7)。

(5)　自分のものと思えることです。言われたからやるのではなく、主体的に行うということです。
(6)　批判しない、自由な発想、質より量、アイディア同士を結びつけることを原則とする、集団でアイディアを出しあう学び方です。

次に、成功や失敗も含めて、過去の生徒がピア・フィードバックについて学んだ様子を紹介していきます。

---

フィードバックは、作品を書くプロセスにおいてもっとも大切な部分の一つです。それがうまくやれたら、自分の作品をより良くしたり、作品に価値を見いだしたりすることができます。しかし、しばしばフィードバックは受け入れづらかったり、怖かったりします。なぜなら私たちは、フィードバックを、作品に対してや自身の作文能力に対する批判と受け取ってしまうからです。

フィードバックをほかの生徒から初めてもらったのは、新聞に関する授業のときでした。私が書いた記事に関する「いいところ」と「だめなところ」に編集担当の生徒が気づいてくれたのですが、あまりにも冷たく、批判的であるように感じてしまいました。正直に言うと、とてもやる気を失ってしまうという体験でしたし、記事を人に見せるのが嫌だな、とさえ感じてしまいました。黄色の付箋でいっぱいになることが分かっていたからです。実際、すべてが間違っているかのように感じてしまいました。

しかし、その年の後半になって、ほかの生徒のフィードバックをするようになって、やっと私はフィードバックの意味や、それが役立つことに気づきました。だからといって、フィードバックを恐れていた私の感情が一瞬にして楽しむ気持ちに変化したわけではありません。私がほかの生徒に対してコメントを書きはじめるようになったとき、自分のフィードバックがどのように受け取られるのかと、とても気になりました。

もちろん私は、自分の提案が役に立つだけではなくて、前向きであり、温かいものになるように工夫しました。そのために一番いい方法は「いいところ」と「直したほうがいいところ」を取り上げることだと気づき、それぞれについて具体的な説明を加えました。

また私は、いくつかの改善点に関しては具体的な提案や例を加えるようにしました。このような行為は、フィードバックを受け取った側の生徒が、なぜそのようなフィードバックを受けたのか、またどのように直したらよいのかということについて理解するときに役立ちます。これらのことが習慣化されると、私自身のフィードバックが効果的で前向きであると感じられるようになって、自信がつきました。

新聞の授業は、フィードバックのプロセスに関する基本を理解するのに役立ったといえま

---

（7）　失敗の捉え方については、日本でも正論としてはよくいわれることですが、テストや試験が幅を利かせすぎている（＝成長マインドセットの反対の「固定マインドセット」が充満している）状態では、「本音と建前」のギャップに悩み続けることになるでしょう。『あなたの授業が子どもと世界を変える』の第9章でも、このテーマ（「失敗」と「失敗する」の違い）を扱っていますので参照してください。

す。最終的には、よい作品に含まれていたほうがいいもの、含まれていないほうがいいものを示す模範として、私の作品が使われることになりました。

また、フィードバックをもらうことは、書き手である自分の作品をより良いものにしただけでなく、フィードバックそのものに感謝するようになりました。というのは、「ほかの生徒からもらうフィードバックが否定的なものであっても、私の作品は素晴らしいし、もっとよくなる可能性があるんだ」というマインドがもてるようになったからです。

私は、今、フィードバックをもらうことをとても楽しんでいます。とくに、私のことを知らない人からのフィードバックはうれしいです。なぜなら、すぐれた書き手になるためには、自分の作品にクリティカル(8)でなければなりませんし、改善が必要なところに気づく必要があるからです。

しばらくして、自分の作品の間違いに私は気づけるようになり、自分で直すことができるようになりました。これによって、自分の作品を一段上のレベルに上げることができました。つまり、フィードバックのスキルを習得したことによって、別の新しいスキルが身についたのです。

書くという行為は本当に勉強になりますし、常に進化を続けるプロセスだといえます。書くレベルにはかなりの幅があり、すべての書き手が完ぺきなわけではありません。しかし、みんな同じプロセスをたどります。アウトラインからはじまって、下書きを書く、直す、フィードバックを求める、書き直す、そして最後に作品として仕上げていくのです。(9)

このプロセスにおいては、進んでフィードバックをもらうことがとても大切ですし、それによって自分の作品に自信がもてます。

## 生徒たちに授業をしてもらう

あなたやあなたの両親に、学校で行われている生徒主体の授業というものを思い浮かべてもらっても、なかなか具体的にイメージすることはできないでしょう。そのような授業は、時にうるさくて混沌としていますが、教師だけが教えるべきことに熱中している授業に比べると、はるか

(8)　「批判的」と訳されがちですが、それが占める割合はせいぜい四分の一〜三分の一で、より多くは「大切なものを選び取る力」と「大切でないものは排除する力」が占めています。

(9)　書くプロセスは、ここでは書く内容は決まっていることが前提となっていますが、実は題材選びや書く目的、書く対象設定などが書くプロセスの最初に位置づけられるという考え方もあります。しかも、それが全体の八〜九割を占めてもいます。逆にいえば、それが定まらないと書けないということを意味します。ブログ「WW／RW便り」の左上に「作家のサイクル」で検索すると、この流れを図化したものが見られます。

に多くの可能性を秘めています。

生徒が主体的に授業をリードすれば、学びは常に起こります。そのような学びは、知識を習得するときであったり、生きるための力を身につけたりするときのほか、さまざまな場面で使えるスキルを身につけるときにも起こります。

生徒が授業を行う場合の一番いいところは、生徒が主体となり、学びの当事者になることです。また、自分が読んだり聞いたりした内容について、生徒なりの考えをもつことが大事にされます。それに対して教師は、それをより深め、生徒の主張に根拠をつけるためにサポートしたり、クリティカルに考えることを支援します。なお、生徒が探究を深めていくとき、教師は必ずしも生徒の考えに賛同する必要はありません。教師の仕事は、開かれた心で彼らを受け止め、さらに探究が進められるようにその背中を押すだけなのです。

このアプローチをはじめたばかりの教師、そして経験豊富な教師も、さまざまな壁が立ちはだかることでしょう。また、学びの主導権を生徒に委ねる場合には混乱も生じるでしょう。その譲り渡しがスムーズかつ効果的に進むために、「やるべきこと」と「やってはいけないこと」を次に示します。

■納得せずにスタートするのはやめましょう。[10] あなたが心から納得して取り組んでいるのか、口だけで「生徒主体の授業」を奨励しているのかについては、授業がはじまるとすぐに分かってしまいます。

- 生徒が主体となって取り組むことを積極的にサポートしましょう。生徒の学びに関するデータを継続して集め、必要に応じて改善修正を行います(11)。
- しっかりとしたルーティンの活動が根づくまでは、授業のコントロールを生徒に任せっぱなしにはしてはいけません。
- 生徒に期待していることを誰にでも分かるようにしましょう。生徒の役割を明確にして、あなたはファシリテーターとしてかかわります。ファシリテーターの導きがなければ、生徒は期待されていることを表面的に装うだけとなってしまい、学びが起こりにくくなります。
- クラスの様子を見続けましょう。そして、その場その場に応じた適切なフィードバックを与え

---

(10) 翻訳協力者から「練習したり、学んだり、理解したり、準備をしたりということをせずにはじめるのは危険だと思いました。なんとなくはじめられることではないと思いますので……。実践している人や、学んでいる人を探しましょう！」というコメントをもらいました。ともに取り組める仲間を近くで見つけ、納得しながら進めることはとても大事なことだと思います。

(11) これこそが「指導と評価の一体化」です！ そのためには、形成的評価の知識と実践が欠かせないことを意味します。参考になる情報は、『一人ひとりをいかす評価』と『国語の未来は「本づくり」（仮題）』や、七ページに掲載した二つのQRコードで得られます。

る形で自分の役割を果たしていきます。生徒たちからすれば、どのような行動が状況に適したものなのかというモデルになります。

従来型の学びがなされている教室と生徒が主体となる教室を比べると、教師がクラスを管理することや、それに関する問題は決して同じものとはなりません。緊張感と、生徒が自由に取り組むことのバランスが大切となります。うまくいく日もあれば、うまくいかない日もあるでしょう。でも、諦めないことが大切です。

最初、あなたや生徒たちが体験する大変さや困難には十分な価値があります。ひとたび生徒が新しい仕組みに馴染めたら、彼らはそれぞれの学びに夢中で取り組むようになります。次に示すのは、生徒が主体となって取り組む授業に対するある生徒の感想です。

---

生徒が主体となる授業では、怖気づくような経験をすることはありません。なぜなら、授業を行っている人が同じ年齢の生徒だからです。時に、教師と生徒の間で強く理解しあえると感じられる関係性は、学ぶ際においてはとても重要だといえます。それだけに、教師役が同じ年齢で、同じような考え方をする人であればより学びやすくなるはずです。また、生徒が教えるほうが、理解の仕方を分かっているので効果的な方法を見いだせることもあります。

さらに、生徒同士で教えあうほうが集中力も高い気がします。いうまでもなく、「大人が話すような退屈で、講義型の授業」ではないからです。

生徒が教える際に課題となるのは、教え方について学んでいるわけではないので、教師が教えるよりも情報提供の仕方が下手だということです。とはいえ、知識があることが必ずしも教える技術につながるわけではありません。

生徒主体の授業は、私たちがこれまで慣れてきた従来のものとはまったく異なります。「授業」という言葉から多くの人がイメージするのは、教師が生徒たちの前に立っているという姿です。そして、教師が生徒たちに向かって講義をするという姿です。

一方、生徒主体の授業では、教師は生徒たちに対して講義は行いません。サックシュタイン先生（本書の著者）の新聞の授業では、最初に連絡事項を先生が話して、私たちの取り組みの様子を聞いて、私たちのやるべきことが明確になっているかどうかの確認をするだけです。(12) それ以外のすべての時間が生徒のものなのです。

事実、サックシュタイン先生は確認をしてくれます。しかし先生は、「もうすぐ締め切りだ」ということを伝える役割の人ではありません。生徒のリーダーが、それぞれの進捗状況

(12)　これを「チェックイン」といい、『イン・ザ・ミドル』（とくに第7章）で詳しく紹介されています。

を確認するようにほかの生徒たちに連絡をします。記事を書くときに不確かな文法があったときは編集担当の生徒に確認します。編集担当がそれについて分からないとき、初めてサックシュタイン先生に確認をするのです。

私たちは、すぐに先生に尋ねるということはありません。通常の授業と比較しても分かるように、生徒同士のやり取りが頻繁にあります。このような学習環境は、チームワークについて学んだり、自分自身で解決策を模索していくことにつながると感じています。

（キム・カヒュン）

## 生徒主体の授業はどのように見えるのか

私が行った新聞の授業は、生徒主体の授業を行う際の理想的な例となるでしょう。年度初めから、生徒たちは何をどのように学ぶべきかを自分たちで考えます。クラスのリーダーを務める編集担当の生徒たちは、クラスメイトと私に、素晴らしいフィードバックが提供できるようになります。そして、私たちのウェブサイトは、プロの編集者がつくっているものと同じように機能する内容となっています。

時間とともにリーダーシップを教師から生徒に移行させていくように、次年度の生徒も自信がもてるようにすることが大切です。毎年、編集担当の一二年生（高校の最終学年）は、一一年生のなかから特定の分野で見込みがありそうな生徒を編集担当として推薦しています。私の了承が得られたら、みんなが期待しているということを次年度の編集担当候補者に直接伝え、彼らがもちうる可能性について議論します。

その後、会議をしたり、興味をもっている後輩たちを訓練して、候補者たちについてより詳しく調べます。そして、候補者たちは、先輩の見習いをしながらアシスタントとして取り組むことになります。その間、先輩の編集担当は候補者の取り組みをチェックしたり、追加のフィードバックを与えたりします。先輩たちは、何をすればよいのか、何を伝えるべきかについて分かっています。なぜなら、明確なルーティンがあるからです。やがて、教室の様子は生徒たちのニーズにあわせて大きく変化することでしょう。

もちろん、私が行っている新聞の授業が、生徒をエンパワーする唯一の方法ではありません。次では、私の同僚が授業においてどのように生徒のエンパワーメントを実現したのかについて示していきます。

---

新聞の授業では、フィードバックや批評なしで成長したり、より良い作品を書いたりすることはできません。お互いをサポートしあう環境をつくっていきたいと感じているにもかか

わらず、お互いの間違いを指摘しあうといったことが理由で、時として誤解を招いてしまう場合があります。そのため、生徒主体の探究には次に示すような「入門コース」の授業や「お手本」となるものが必要になります。

生徒同士が助けあいながら探究するというこのやり方は、単に何が間違っていたのかを伝えるよりも、答えが何かを見つけるための足掛かりを生徒に提供することになります。

## 卒業記念アルバムのデザイン入門コース

**ねらい**――卒業記念アルバムの見開きページを効果的に書くために、デザインのルールを理解していることはどのように役立つのか？

**入門コースのための準備**

①自分の見開き記事を印刷する。

②自分の見開き記事において、正しくできていることを書きだす（ルーブリックでポイントを示す）。「～はできている」

③自分の見開き記事において、デザインを含めて、まだ疑問に感じていることを書きだす。
「～について、できているかどうか気になっている」

---

### 入門コースの授業

それぞれの生徒が、自分の見開き記事について発表をします。まずは、生徒自身が自分の記事でうまくいったところを説明します。次に、どの分野についてアイディアを求めているのかについて話します。

発表を聞く人は、発表者が自ら答えにたどり着けるようにするための質問をして、記事の改善を手助けします。聞き手が単に何を変えるべきかについて発表者に指示するのではなく、質問を通じて彼らが学習してきたことを思い出させたり、提案したりします。そのほうがより改善につながるからです。

聞き手も発表者も必ずメモをとります。すべての生徒が発表するまでこれを繰り返します。(13)

次に示すのは、改善に導くためにする聞き手からの質問例です。

---

(13)　この方法とほとんど同じ流れで行われる「大切な友だち」の様子が下のＱＲコードで見られますので、参考にしてください。

・主要なイメージとして、その写真を選んだ理由を詳しく教えてくれませんか？
・レイアウト（たとえば、見出しなど）に関して、濃淡をつけるといった方法について学んだことを覚えていますか？
・テーマに関する視覚的な要素として何を用いましたか？　それらの要素をどのように取り入れましたか？
・テーマに関する言語的な要素として何を用いましたか？　それらの要素をどのように取り入れましたか？
・見開き記事のために、あなたは最適な写真を選んだと思いますか？
・授業内で示されたルーブリックに基づいて、多くの生徒が見たくなるような写真を選びましたか？
・キャプションは、すべて同じ形式になっていますか？
・あなたが考えたデザインで、注目してほしいポイントがどこなのか教えてくれますか？
・パイカ[14]について学んだことを覚えていますか？　あなたの用いた写真では、その間隔をどのように設定しましたか？

**振り返り**——今日、議論された質問のなかで、あなたの記事を改善するために役立つ質問を一つ選ぶとしたら何ですか？　今日の入門コースは、あなたの記事を修正するためにどのように役立ちましたか？

---

入門コースの前段階では、まず発表する生徒が自分の作品について正しいと思っていることを確認します（その際、ルーブリックを使用すると効果的です）。次に生徒は、「混乱している点」、または自分の作品についてまだ疑問を抱いているところのリストを作成し、それらを明らかにしていきます。ここで紹介したケースでは、自分の卒業記念アルバムの見開き記事をどのようにしてより良いものにしていくのかについて質問されていましたが、この方法は、作文であれ、カリキュラム全体のいかなる教科においても用いることができます。

発表する生徒が、うまくいったことと混乱している点を示したあと、聞き手の生徒は、質問を使ってどのようにすれば改善できるのかについて発表者に問いかけます。それがうまくできるかどうかは、その活動を支えている聞き手の生徒たちにかかってきます。

最初の一、二回は、聞いている役割の生徒たちにいくつかの質問例を提供して質問のプロ

---

（14）欧文活字の大きさを示す単位です。一パイカは〇・四二一センチで、日本語の場合一二ポイントに相当します。

セスをモデル化し、体験してもらう必要があるでしょう。活動や内容に慣れてくると、生徒自身が質問を考えられるようになるはずです。

この活動の間、発表する生徒と聞いている生徒は、お互いのやり取りについてメモを取る必要があります。それぞれの思考を記録するためと、彼ら自身の学びを深めるためです。発表した生徒は、この入門コースの活動の終わりに、聞いていた生徒たちからの質問を振り返り、どの質問がもっとも改善に役立ったのかを確認しなければなりません。

また、入門コースの活動によって、自分自身の学習についての発見がどのように促されたのかについてコメントすることもできます。それは、何が間違っているのか、どうやって解決するのかを教えてもらっただけでは手に入らない、入門コースならではのものでしょう。

この入門コースのモデルは、肯定的でお互いに支えあうといった、ピア・フィードバックの環境をつくりだします。なぜなら、誰もが質問をもっていて、誰もが発表者の改善を助けるためにそこにいるという環境があるからです。このモデルは、すべての教科領域において、たとえ複雑で多様な課題であったとしても応用することができます。このモデルの中心にあるのは生徒自身による発見や気づきであり、と同時に、探究とコラボレーション（協働）のすぐれたモデルとなっています。

（レイチェル・ローチ）

生徒が中心となる教室の生命線は、探究心です。そのときに生まれてきた問いの向かう先を、生徒自身がコントロールできるようにすることが不可欠です。生徒自らが探究していくためのやり取りを大切にして、生徒自身が知っていることを共有できるといった雰囲気の維持が重要となります。

右に挙げた入門コースのモデルでは、生徒たちはメモを取ることで、入門コースのやり取りが自分の探究を深めていくためにどのような影響を与えているのかについて明確に結び付けられるようになっていました。このようにつながりを明らかにすれば、聞いている生徒たちはクラスメイトの作品から学ぶことができます。

生徒自らが学習をリードするというやり方は、高校の教室にかぎったことではありません。たとえ小学生であっても、生徒を中心としたモデルから多くのことが学べます。たとえば、ダグ・ロバートソン先生が教える五年生を例にして考えてみましょう。本を著すだけでなく、「彼はおかしな先生」というブログ（http://hestheweirdteacher.blogspot.com）を運営しているロバートソン先生は、生徒たちを好きな場所に座らせて、教材に疑問を投げかけることを許すほか、教室での自由な学びを提供しています。

このあとで、そのような環境を提供するロバートソン先生の考え方や、それがもたらすすぐれた成果について詳しく説明していきます。

私の教室には、座る場所に関して選択肢がたくさんあります。たいして重要なことではないと思うかもしれませんが、教室のあらゆる要素が、ほかのすべてに影響を与えると私は信じています。

私は、生徒が自らの学びを自由にコントロールできると感じられるような環境をつくりたいと思っています。定められた席に座るという状況から授業をはじめるというのは、生徒に対してどのようなメッセージを送ることになるでしょうか。たとえば、「何事についても生徒自身で考えを導くことができるようにするべきだが、椅子の座り方は教師が決めている」というメッセージは矛盾となるでしょう。

私の教室には、ビーンバッグチェア、四角い柔らかい椅子、ユラユラする座椅子などがあります。(15)立ったときに使う机や従来型の机のほか、フローリングの上で作業をする際に適した机もあります。毎日、生徒は椅子を交換していますが、要望があれば机の高さも変えてよいことにしています。こうすることで、コントロールとエンパワーメントの雰囲気が生まれます。要するに、「今日一番いい」と思う体勢が選べるということです。

これは、より幅広くメッセージを伝えるための「はじまり」でしかありません。

私は五年生の生徒たちに、「いい質問だね」と繰り返し言っています。そして、その場を立ち去ります。ほとんどの場合、そこから彼らの学習がはじまるのです。

立ち去ったからといって、二度と話しかけないわけではありません。立ち去ったままだと、やはりうまく機能しません。それでは「信頼の文化」が生まれないのです。呟き込みながら「辞書だ！」と、こっそり教えるときもしばしばあります。机の間を通りながら、演劇のワンシーンのようにメロディをつけて歌うこともあります。

「♪みんなが求める答えを見つけられるための何かがどこかにあったらいいのに！」

そして、私は待ちます。間もなく生徒たちは、部屋に散らばっているクロームブックやマックブック、アイパッドなどを希望しはじめます。

「先生、パソコンを使ってもいいですか？」

「コンピューターね！」と、私は叫びます。「なるほど、天才だね！」

こうして学びがはじまるのです。

何かについて調べる方法を生徒に教えるとき、「グーグルで調べて」と言うだけでは教えたことになりません。みなさんもご存じのとおり、グーグルにはすべての答えが掲載されています。でも、その答えを探すのは、干し草の山の中に埋もれている針を磁石で探す場合のように簡単なことではありません。どちらかといえば、針の山の中から目的の針を探すよう

(15)　お手玉にように小豆などを詰めた変形自在なクッションのことです。

なものです。学びを深めるために、生徒はまず検索する方法を学ぶ必要があるのです。学習はそこからはじまります。

私の生徒は、何でもかんでもグーグルで調べているわけではありません。そんなことをして楽しいといえるのでしょうか？　グーグルで検索することは、クラスの目標である「何かをつくりだす」ことに連動している必要があります。手に入れた情報をもとに「何かをつくりだす」ことができて初めて、生徒自身が学習に責任をもつようになります。

私のクラスでは、学習を自分たちで管理することが多いのですが、それは早くからはじまっています。実は、最初に読む教材、つまり教科書からはじまっているのです。生徒主体の授業は、検定教科書を使った授業でも行うことができるのです（自分が扱いたいように教材を扱えばいいのです。目の前にある教材を使わないというのはもったいないと思いませんか？）。

検定教科書に書かれている最初の物語は、児童文学者のルイス・サッカー（Louis Sachar）が著した『ウェイサイド・スクールはきょうもへんてこ』（野の水生訳、偕成社、二〇一〇年）という本から引用されたものでした。学校の一番上の教室にいるジュールズ先生が登場する章でした（ウェイサイド・スクールは教室が横に並んでおらず、各階に一つずつ教室がある三〇階建てとなっています！）。

ジュールズ先生は、窓からはるか下の運動場にモノを投げることを認めています！　どれほどの速さで落ちるのかについて、生徒たちが学習しようとしています。

全体としての話はかなり馬鹿げたものかもしれませんが……最後まで聞いてくださいね。私のクラスのモンスターが、まずビデオを通して生徒たちにチャレンジを示します（私のクラスにはクラス・モンスターがいます。名前は「コースン」です。生徒たちは、私よりも彼のほうが好きなので、彼が私の代わりに時々ビデオをつくって、プロジェクトについて子どもたちに指示を出しています）。コースンが生徒たちに、教科書が正しいと思うかどうかを尋ねました。

「軽いものと重いものは同じ速度で落ちるでしょうか？　それを解き明かして、その理由を説明してください」

先ほど、「学習はそこからはじまる」と私が言ったことを覚えていますか？　コースンの指示の後半で、まさに学習が起こります。子どもたちにとっては、椅子の上に立って教科書と鉛筆を持ち、同時に落とすだけでは十分じゃないのです。自然の力が働いていることを実際に見るのは楽しいものですが、それだけでは理解できないのです。生徒たちはやってみたいからやるのであって、挑戦すればするほどその仕組みが見えてくるのです。

「待って、重さは関係ないのかな？　紙は落ちるのが遅いけど、風で浮いているからそれは違うかな？　丸めてみよう。ほらね、本と同じだよ！　おかしいね！」

「おかしいね！」が、まさに私が求めている生徒の反応です。そのときに私は、「なんでこうなるんだろう？」とさらに踏み込んで尋ねます。

もし、このときまでに生徒たちの成長を十分にサポートしており、生徒たちも自由に発言していいんだということを認識していたら、私が質問しなくても生徒たちは「おかしい」と感じたあとで「なぜだろう？」と考えるようになります。そして、自分たちで探究の世界に向かうのです。

すぐに五年生の生徒たちは、重力が女優サンドラ・ブロック（Sandra Annette Bullock）の映画(16)から分かるようなものだけではなく、本当の力として理解するようになりました。彼らの探究は深く、私の講義や、私が愛しており、尊敬している科学教育番組の司会者ビル・ナイ(17)でさえ連れていくことができなかったところへ導かれていくのです。

（ダグ・ロバートソン）

---

ロバートソン先生が話すように、あらゆる年齢層の生徒に選択の機会を与え、学びのコントローラーを操作する力がもてるようにエンパワーすることはできます。生徒自らの成長に対して、自分のこととして、かつ思慮深い姿勢をもち続けていくためには、学年を問わず、選択肢が生徒

の手のなかに収まるように私たちは全力を尽くしていく必要があります。(18)

ロバートソン先生とローチ先生は、生徒の選択する力についての話をしてくれました。このような考え方がすべてのクラスに浸透していけばいくほど、私たちが向きあう生徒たちは将来にわたって必要な問いをもち続け、人生における主体となり、自ら選択していくことができるようになるでしょう。これらのスキルは、内容や学年を超えて毎年の授業に組み込んでいくとよいでしょう。

私たち教師は、子どもたちに何かを強制的にやらせることはできない、ということを忘れてはいけません。新しい教材やスキルを学ぶということは、フィードバックを織り交ぜながら、教師によるていねいな導きと練習が必要なのです。子どもたちに模範となるものを見せたり、見せてもらうように頼んだりして、共有したあと、最終的には自由にやってみることを奨励してみませんか。

---

(16)『Gravity』(邦題は『ゼロ・グラビティ』二〇一三年)宇宙空間に投げだされてしまった宇宙飛行士たちの極限的状況を描いた映画です。

(17)(Bill Nye)アメリカの科学教育者、テレビ司会者、コメディアン、俳優、作家で、一九九三年から一九九八年まで放送されていた科学教育番組『Bill Nye the Science Guy』の司会を務めていました。

(18) このテーマで書かれた本に『教育のプロがすすめる選択する学び』があります。

## 振り返りのための問い

❶生徒の学習に対するコントロールを高める活動のなかで、あなたの教室は今どの段階にあるのかについて率直に考えてみましょう。

あなたの教室は、意思決定をするとき、生徒の声が大切にされ、生徒が貢献したくなるような環境になっていますか？　もしそうだとしたら、生徒のリーダーシップは学習の場面でどのような影響を与えていますか？　どうして、その影響があるということが分かるのでしょうか？　もし、そうでない場合、どのようにして生徒にもっと主導権を与え、生徒が自分のフィードバックが大切にされていると感じられるような環境にすることができるでしょうか？

❷本章で扱ってきたような内容について、今置かれている自分の状況について書く時間をとってみましょう。その際、生徒からのフィードバックを得ることを恐れず、ぜひ生徒の声を聞いてみてください。そして、聞いたことをどのように受け止めるのか、また学ぶ環境を改善するために何ができるのかについて考えてみましょう。

# 第3章

# 有意義なフィードバックとはどのようなものか

生徒同士でフィードバックを提供しあうようにと教える前に、私たちはまず、よいフィードバックとはどのようなものなのか、生徒がフィードバックをうまく求めるためにはどうすればよいのかについて理解を深める必要があります。

フィードバックを提供するということは、私たちと生徒との取り決めを意味します。つまり、生徒が何を必要としているのかについて判断をし、生徒が理解できる形でフィードバックが提供できるように最善を尽くす、と約束することです。

不幸なことに、フィードバックと呼ばれるものの多くは、「すてきな取り組み！」、「よくやったね！」、「すごく改善したね！」などといったように、空虚な決まり文句で表されています。私たちの教育文化は、聞き心地のよい言葉でいっぱいです。実は、これらの言葉は、注意を払って聞いていないという、真実から目をそらすためのものなのです。「素晴らしい！」とか「うまくいったね！」と言うときは、仮によい意味であっても一時的なお世辞でしかありません。

本当に効果的で、意味のあるフィードバックを実現するためには、いくつかの重要な要素がしっかりと押さえられているかどうかを確認しなければなりません。この章では、明確な学習目標をもった効果的フィードバックを提供するためにはどのような準備をしたらよいのか、フィードバック自体がどのようなものであるべきか、そして、フィードバックが豊かに飛び交う環境をつくるための全体的な流れを説明していきます。

## 明確な学習目標を確立する

フィードバックの段階に到達する前に、全員に対して、明確な「学習目標」と「目標達成のための基準」を明らかにすることが重要です。有意義なフィードバックを提供するための力強い基盤をつくる大切な方法をいくつか紹介します。

- 課題ごとに、生徒に与える学習の「活動」を検討します。そもそも、フィードバックを提供する価値のある活動ですか？　その目的は何ですか？　あなた自身は、それらの質問に容易に答えることができますか？　生徒はどうですか？

❏学習に取り組みはじめる前に、学習のねらいや学習目標、目標達成のための基準をはっきりと詳しく説明し、生徒が理解できるようにします。そして、学習過程を通してそれらに言及します。プロジェクトの作業に取り組む前に課題用紙に目を通したり、基準に沿った活動に取り組めば深く理解することができます。

❏質問や話し合いの活動を使って、生徒が学習のねらいに沿って学習目標を立て、事前に学習したことやこれから学習することに結びつけられるようにします。

❏生徒は、課題用紙の気になるところに線を引いて目立たせたり、メモ書きなどをします。小グループになってインタビューや質問をして、評価で求められることをはっきりさせるために注釈をつけるという取り組みが有効です。たとえば、すでに行った作業についてはチェックを入れ、新しいスキルや考えについてはプラスのマークを、明確でない項目についてはクエスチョンマークを付けます。すると、課題に取りかかる前に自らが理解していないことをはっきりさせるための質問をするスキルが磨けます。また、単元全体を通して、課題をやり遂げる過程においてチェックが付いているところを必要に応じて見直すこともできます。

❏学習目標は、達成目標および授業や単元の全体像と関連させるようにします。そのためにも、「鍵となる問い」(1)や単元計画を生徒と共有して、扱う範囲と流れが分かるようにしたうえで達成目標の言葉を理解し、その二つのつながりが分かっていることを確認します。

あなたの授業とほかの授業で学んだことについて、生徒に考えさせるような質問をしてから、新しいプロジェクトの初めに既習事項を振り返るように求める形で「足場をかける」(2)ことを検討します。そのうえで、生徒にとって意味のある言葉で達成目標や学習目標を書き直します。

■新しい課題を紹介するときは、時間をかけて、目標達成のための基準を満たしている模範例を分析するようにします。スキルの習得が、教師の求めていることを推測するゲームにならないようにしましょう。もし可能であれば、実際に与えている課題と同じようなものを見本として使わないでください。創造性と学びを妨げてしまうからです。まず小グループで、それからクラス全体で、スキルを習得するということの意味についてブレインストーミングをします。

## よいフィードバックを提供する

効果的なフィードバックとは、①具体的で、②タイミングがよく、③受け手に役立つ形で伝わるものです。あなた自身のフィードバックのスキルを磨きあげ、生徒にやり方を紹介するときにはモデルとなるように努めましょう。

■すべての問題点に対処するよりも、一度に二つか三つのポイントに焦点を絞ります。簡潔で、具体的な学習目標に焦点を合わせたフィードバックにしましょう。学習目標を生徒自身が設定できるようになるとさらにいいです。生徒同士が学習目標を共有するとよいでしょう。そうすることで、教師やクラスメイトといった評価者たちはフィードバックを必要とする領域を理解することになります。

■生徒が作業を終えたら、設定した学習目標の振り返りを書いてもらいます。振り返りや生徒とのカンファランスについて検討し、生徒が取り組んでいる分野のフィードバックを提供します。たとえば、導入部の段落で生徒が状況を説明している場合には、うまく書けた部分を具体的な言葉で強調します。「よくやったね！」と言うよりも、「読者を夢中にさせるだけの背景情報が書き加えられています」というように、書くことの能力が向上している事実をコメントします。

■具体的で、生徒にとって分かりやすく、活用しやすい形でフィードバックを提案しましょう。もし、批判的な色合いが強くなる場合には、必要な部分を改善するための方法や実現可能な解決

(1)　単元ですることを問いの形で表したもっとも重要な問いのことです。それを目にしたら、生徒たちは知りたくなったり、取り組んでみたいと思えるような問いです。

(2)　ヴィゴツキーの「最近接発達領域理論」に基づいて提案された学習者への手助けを指します。「最近接発達領域」ないし「足場かけ」を分かりやすい言葉に置換すると、「今日、誰かの助けを借りてできたことは、明日、自分一人でできる」となります。

図3－1　生徒の学習目標への具体的なフィードバックの例

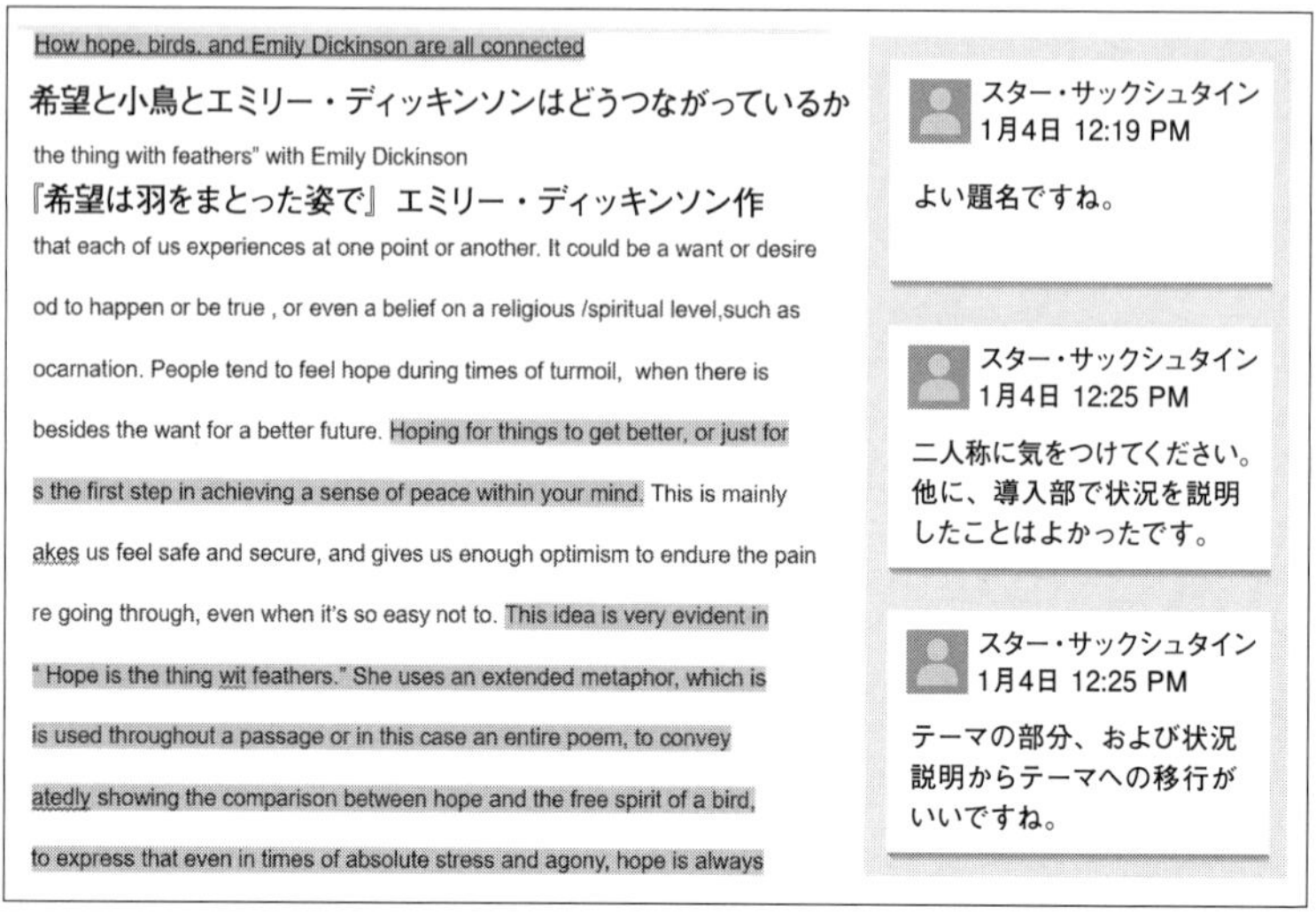
How hope, birds, and Emily Dickinson are all connected
希望と小鳥とエミリー・ディッキンソンはどうつながっているか
the thing with feathers" with Emily Dickinson
『希望は羽をまとった姿で』エミリー・ディッキンソン作
that each of us experiences at one point or another. It could be a want or desire
od to happen or be true , or even a belief on a religious /spiritual level,such as
ocarnation. People tend to feel hope during times of turmoil, when there is
besides the want for a better future. Hoping for things to get better, or just for
s the first step in achieving a sense of peace within your mind. This is mainly
akes us feel safe and secure, and gives us enough optimism to endure the pain
re going through, even when it's so easy not to. This idea is very evident in
" Hope is the thing wit feathers." She uses an extended metaphor, which is
is used throughout a passage or in this case an entire poem, to convey
atedly showing the comparison between hope and the free spirit of a bird,
to express that even in times of absolute stress and agony, hope is always

スター・サックシュタイン
1月4日 12:19 PM
よい題名ですね。

スター・サックシュタイン
1月4日 12:25 PM
二人称に気をつけてください。他に、導入部で状況を説明したことはよかったです。

スター・サックシュタイン
1月4日 12:25 PM
テーマの部分、および状況説明からテーマへの移行がいいですね。

策を提案します。たとえば、「段落間のつながりをスムーズに移行する必要がある」と言うのは簡単ですが、もう少し具体的な提案をしてみませんか。

具体的な提案の例としては、「読者に変化の兆しを捉えてもらう前に、『兆しとなる』文を加えて、段落間の移行をスムーズにしてください」や「単純な移行の言い回しだけでなく、読者を新しい考えに導く工夫が必要です」などが考えられます。

❏ポジティブなフィードバックであっても、やはり具体的に伝えましょう。そうすると生徒は、「うまくやれている」ということを知ります。あなたが使っている目標達成のための表現用式を使えば、いかなるものでも全体を通したつながりがはっきりします。たとえば、「ナポレオンの性格描写を通してジョージ・オーウェルの目的を解釈するというあなたの考え方が私にはとても面白くて、納得感がありました」や「あなたは、二次方程式を解くために必要とされるステップをしっかりと理解しています。正確に記述し、さらに視覚的にも、それが分かるための描写に時間をかけていることが分かります。クラスメイトと共有するために、これを例として使ってもいいですか?」のようにです。

❏教材の範囲内に限定してフィードバックを提供してください。当然ですが、現在の取り組みに無関係なフィードバックを提供することは役に立ちませんし、逆効果となります。たとえば、あなたの授業で実験を行い、その結果に基づいて仮説を立てるときにどのような科学的方法を使うのかについて学んでいる場合、それ以降の手順についてのフィードバックは提供しないでください(たとえば、データの分析についてなどです)。

## フィードバックが豊富にある環境を設定する

フィードバックがどういうものかということと、学習目標を明確にした効果的なフィードバックの提供の仕方を検討してきました。次は、教師だけでなく、生徒同士がフィードバックを伝えあうための環境を整えていく流れを見てみましょう。

- フィードバックを提供しはじめるのに最良となるのは、学習している最中です。できれば、スキルや内容を教えたあとや、生徒が何か作業をしたあとがよいでしょう。学習過程の早い段階でフィードバックを提供することは、提供する側がうっかりその作業の主導権を握ってしまう可能性がありますので、害を与えることになります。たとえば、子どもの「宿題」を手伝おうとする両親の場合、それを仕上げてしまおうというつもりがなくても、結果的に取り上げてしまっているという光景がよく見られます。

　また、なかなか話しはじめられない生徒と、そうでない生徒をペアにして、ブレインストーミングでお互いの考えを出しあえるようにしましょう。考えを記録するのは、「ヘルパー役」のパートナーでないことを確認します。行き詰っていると感じている生徒は、自分の考えがもてるようにメモを取る必要があります。

- 生徒が進歩している様子を励まし、あなたの期待と生徒の期待を一致させるように定期的にチェックします。
- 練習、練習、練習、練習。よいフィードバックを提供することは、練習を必要とするアートと同じで、たくさん行えば行うほどより良いものになります。フィードバックを学習経験の一部として取り入れることによって、それぞれの成長にあわせた細やかで頻繁な調整がしやすくなります。
- 学習中に、インフォーマルなフィードバックを提供する機会をつくります。教室を歩き回ったり、生徒の肩越しに声をかけたり、あなたが目にしたものについて尋ねたりして、その場でのフィードバックを提供してください。このフィードバックをノートの決められた場所に書き留めれば、生徒は学習に適用できます。

■フィードバックは指導とは別のものではない、ということを忘れないでください。指導はフィードバックのなかにあります。フィードバックは、教師が成長を促す情報を個人的に生徒と共有する機会なのです。文章やメモ、対面のカンファランス、グーグル・ハングアウト(3)、ボクサー(4)のどれを使っても可能です。具体的な達成目標や基準に基づいて考えを共有するたびに、生徒が今どの段階にいるのかを理解し、補い、練習し、前進する機会を提供していきます。副次的な利点としては、この瞬間が教師と生徒の関係を深めるのに役立ちますし、生徒の学びへの意欲を高めることになります(5)。

---

（3）（Google Hangout）写真や絵文字、ビデオ通話を通じて一対一やグループで会話を楽しめる無料のコミュニケーション・ツールです。

（4）（Voxer）短い音声を送りあえるメッセージ・アプリです。一七六ページも参照してください。

（5）フィードバックを形成的評価の効果的な一手段と捉えると、「形成的評価は指導とは別物ではない」となります。『テストだけでは測れない！』を参照してください。

## あいまいで、建設的でないフィードバックへの注意

この章の冒頭で述べたように、肯定的であったとしても、あいまいなフィードバックだと生徒の成長を促す助けとはなりません。もちろん、改善方法を提供しない批判的なフィードバックも助けにはなりません。背後に建設的な目標がない場合、批判的なコメントは避けるようにしましょう。

また、クリティカル(6)だと思われるフィードバックであっても、生徒と教師における信頼関係の低下を招く可能性があります。もし信頼関係が失われてしまったら、再構築することがとても難しくなります。このような状況に陥らず、継続的にフィードバックのプロセスを改善するためにアクティブ・リスニング(7)をモデル化し、かつ教える方法を次に示します。

・フィードバックを提供するとき、直接アイ・コンタクトを交わすようにしてください。
・一時《いっとき》に、一つの課題にのみ集中します（アクティブ・リスリング中は「聴く」ことに集中します）。
・ほかの人の言うことを正しく理解したと確信する前に、聞いたことを一言一句復唱してください。

・「あなたが言ったことは……」のように復唱することが重要です。
・「あなたが……と言ったとき、私は不思議に思った。……についてはよく分からなかった」といったような構造の文を使ってください。
・非言語的な手がかりを観察し、追求しましょう。たとえば、顔の表情や姿勢など、フィードバックに対する生徒の反応に注目します。それに応じて、あなたの声のトーンを調整してください。

批判的なフィードバックを共有する場合は、声のトーンに気をつけてください。もし、多くを共有するなら、書くことだけにとどめないで、それを直接伝えるようにしましょう。快適に学ぶ環境をつくりあげるために多くの時間を費やしているときには、一度だけうまく伝えられなかったという事実が、学習プロセスの前進を阻むといった場合もあります。

しかし、私たちは間違えるものです。間違ったことはできるかぎり早く修正して、模範となる

---

（6）　四三ページの注（8）を参照してください。また、五一ページで紹介している「大切な友だち」のアプローチなら人間関係も含めて大丈夫ですので、安心して使ってください。

（7）　アメリカの臨床心理学者カール・ロジャースが提唱した傾聴姿勢のことで「積極的傾聴」と訳されることもあります。

ような行動を示す必要があります。もし、あなたがフィードバックを共有している最中に生徒が心を閉ざしているようであればストップしてください。続けるべきではありません。その代わり、何か力づけるようなことを言って、生徒がもっと受け入れられるようになってから元の話題に戻りましょう。

フィードバックを受け入れるように生徒を支援する方法は、第4章で探究する重要なテーマとなっています。

## 振り返りのための問い

❶現在、あなたは、生徒に対してどのようなフィードバックを提供していますか？　また、生徒からはどのくらいの頻度でフィードバックをしてもらっていますか？

❷役に立つフィードバックを受け取ったときのことを考えてみてください。それは何に関して役に立ち、そこからあなたはどのように成長しましたか？　その経験から何を受け取ることができ、ほかの人に提供するフィードバックにおいて役立てることはできましたか？

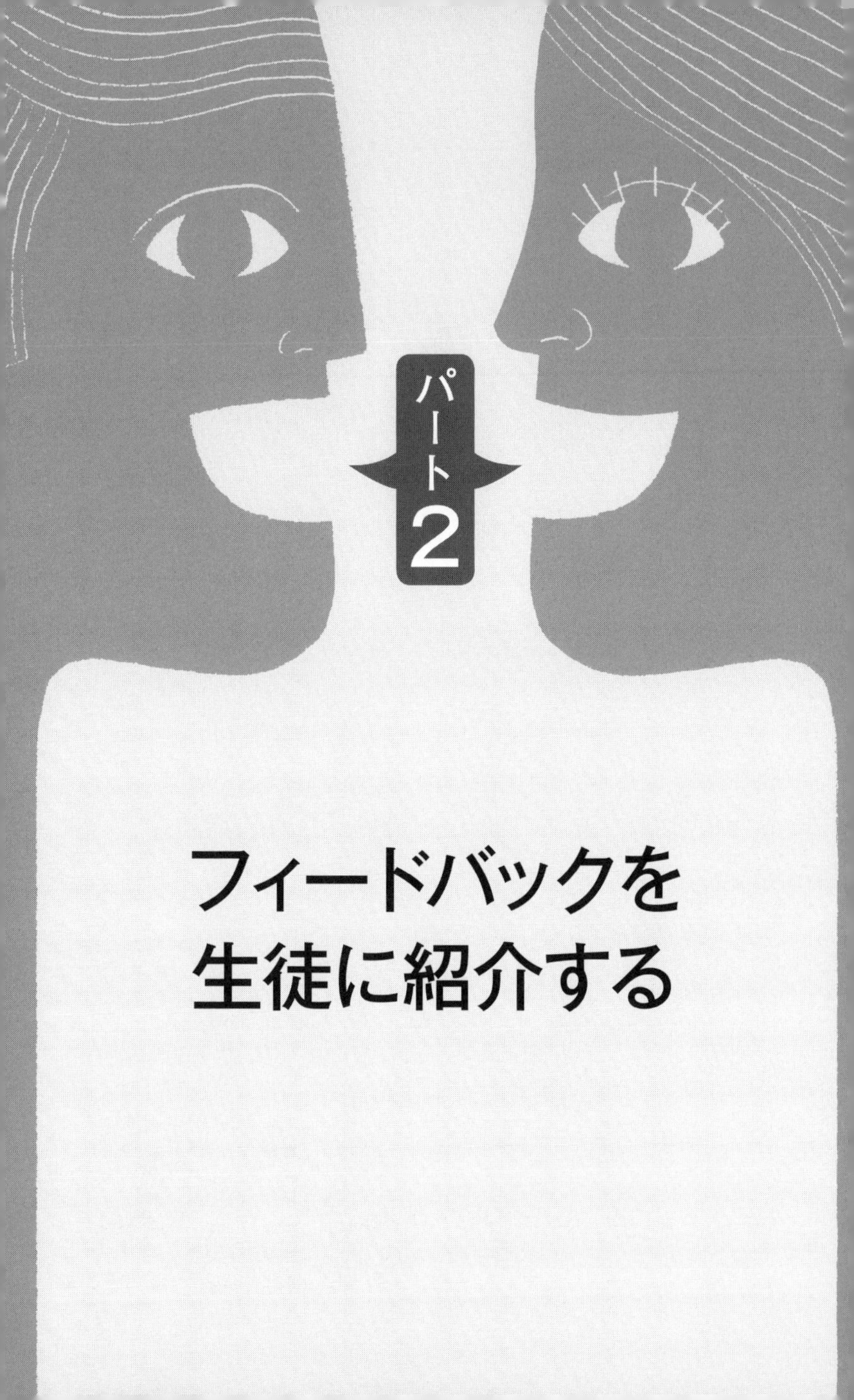

パート2

# フィードバックを生徒に紹介する

# 第4章

# フィードバックの受け取り方と活用の仕方を教える

私たちには、生まれながらにして身につけていると思い込んでいるスキルや、生徒がどこかで身につけたはずだと思い込んでしまって、あえて教えていないというスキルがあるように思えます。フィードバックを適切に受け取り、それを活用することは、まさにそのようなスキルだといえます。

具体的に述べると、①クリティカルなフィードバックを受け取る能力と、②そのフィードバックからどのように成長していけばよいのかを理解する能力となります。これらは、生徒にしっかりと教えるべきものですし、教えることが可能なスキルでもあります。

この章では、あなたがこの二つの本質的なスキルを生徒に教えるための手助けをします。それには、生徒がフィードバックを聞いて受け止める力を伸ばすためのサポートと、フィードバックを学びに活用するように教えるといった二つの方法が含まれています。

## 生徒にフィードバックを受け取ることを教える

左は、二人の一一年生が、ピア・フィードバックが自分たちの学びにどのような影響を与えたのかについて述べたものです。

・ピア・フィードバックのプロセスがどのように役立つのかについて、まずはクラスメイトのコメントから学ぶことができます。私の場合、ほかの編集担当の生徒から、作品を改善するために自分の意見を省いたり、客観的に意見を述べたりする方法を学びました。

・クラスメイトだと先生よりも話しやすいことが多く、自分が対象としている読者の視点を尋ねるときにも役立ちます。ピア・フィードバックを通して、私は多くの意見を得ることができましたし、自分の作品をほかの人がどのように捉えているのかについて知ることもできました。

私は特定の年齢層に向けて書いていますので、彼らが何を考えているのかを知ることはとても助けになりました。それ以外にも、ほかの生徒からニュース記事を書くときに役立つヒントをたくさんもらいました。また、いろいろな種類のテクニックも教えてもらいました。彼らが、文章をより良くするために用いているツールを共有してくれたのです。

この二人の生徒はピア・フィードバックの恩恵を受け入れることができたようですが、おそらく最初は、クリティカルなフィードバックを受けることを前向きには捉えていなかったと思われます。(1)

ピア・フィードバックを受け入れるまでの道のりは、険しい状態になることがよくあります。とくに、批判的に感じられるようなフィードバックを聞く場合は、決して気持ちのよいものではありません。たしかに、長期的には学習者として成長するのに役立ちますが、がっかりした自分、傷ついた自分を乗り越えていくことは、年齢的に幼い生徒や、精神的にまだ成熟していない生徒にとっては決して簡単ではありません。

この章では、生徒がクリティカルなフィードバックを聞いて、それを受け止めるためのスキルを向上させていく方法を探っていきます。

---

(1)　四三ページの注(8)を参照してください。

## 学習意欲のない生徒がフィードバックを受け取ることを助ける

ピア・フィードバックがはじまると、肯定的、批判的、中立的なフィードバックのすべてを貪欲に受け止め、必要な修正を熱心に行い、数分以内に作品の再提出をするといった生徒がいることに気づくはずです。全体的に見ると、彼らはピア・フィードバックに比較的取り組みやすい生徒であるといえます。彼らは学びたいと思っており、そのプロセスにはレジリエンス[2]と強い忍耐力が必要であることもよく知っています。

しかし、これらの生徒のなかには、継続的なフィードバックと注意をひたすら求めてしまう生徒もいますので、より自立した生徒になるように支援していく必要があります。

何度も何度も作品を提出する生徒は、自分の作品が特定のレベルに達していないことを認めない（または認めようとしない）という傾向があります。彼らは、「改善の必要がある」と聞かされることを好みません。このような生徒の学習への向きあい方そのものが問題なのですが、解決できないわけではありません。ピア・フィードバックを受ける段階になったら、生徒がオープンになれるように、これらの課題に真正面から向きあうことが重要になります。

もし、あなたがお互いに助けあう学級文化をつくり、生徒との間に良好な関係を築いてきたならば、先ほど話題にしたような生徒が、あなたのクラスでいえばどの生徒を指しているのか頭に浮かんだことでしょう。

昨年私は、自分の作品が「実際よりもすぐれている」と思っている一二年生を担当しました。私からすれば求められている基準を満たしていないことが明らかなのですが、彼はそれらの基準をすでに満たしているか、基準を超えているかのような振り返りを繰り返し提出してきました。私が提案した追加のサポートやミーティングに応じることはもちろんありませんでしたが、長期プロジェクトや論文の提出期限の前夜になると、定期的に「ボクサー」(3)を通じて緊急の助けを求めるメールを送ってきました。残念なことに、彼はいつもギリギリの時間に連絡をくれるため、私にできることは何もありませんでした。

結局、私たちは、一年を通して彼の時間管理能力を改善させることを目的とした取り組みをはじめました。(4)というのは、彼がプロジェクトを早くはじめることができれば、どのような支援が必要なのかについてアイディアを出せるからです。しかし、彼は、課題への取り組みがいつもギリギリになってしまうことに関しては改善しようとは思っていない様子でした。そのため、今で

(2)　元々は「弾力」や「復元力」を意味する言葉ですが、「困難な状況から立ち直り成長していく力」という心理学的な意味で使われるようになりました。
(3)　七一ページの注（4）と一七六ページを参照してください。

きることを考えて、彼と向きあうしかありませんでした。

ここでは、彼自身がフィードバックを受け入れられるようになるために役立ったと感じられたことをいくつか紹介します。

- 私は彼に、ボクサーを介して連絡を取るか、プロジェクト期限のかなり前に、彼のグーグル・ドキュメントに招待してもらえるように頼みました。彼は、一度に全部のフィードバックを受け取るのではなく、一つか二つの点に限定した形で受け取ったときのほうがよりフィードバックを受け入れることに気づきました。
- 私たちは、授業中に、彼の作品の一部を一緒に見ていくようにしました。そのとき、彼自身が手助けを必要だと感じた部分が私に分かるように、あらかじめ印を付けておくようにと言いました。そして、現在の作品に必要なスキルのみを明確にして、重点的に教えました。それから、彼が過去に取り組んでいた作品と比較することにしました。
- 授業では、身近な友人の輪のなかにいない人たちと一緒に取り組むようにと提案しました。最初は、手助けをしてもらえそうな生徒を推薦するようにしました。実際、彼は、私からよりもクラスメイトからのフィードバックをよく聞いているように感じました。
- 彼が改善を見せはじめたとき、その最終稿に対して私は、とくに彼の成長を示すようなフィードバックを提供しました。作品の一部を取り上げて印を付けたり、達成基準やよい作品を示すルーブリックなどで用いられている言葉を使って示したことで、彼自身が目標達成のための基準を理解し、またそれに対してどれだけ近づいているのかも分かるようになりました。そして、一年の終わり、成績をつけるためのカンファランスを行ったとき、彼は自らの成長した分野を明確に示し、どの基準が達成できているのかについて具体的に話すことができました。(5)

生徒は一人ひとり違いますので、それぞれにあったより良い学び方を見極め、それに応じてフィードバックをすることが重要です。彼を助けるために開発した私の方法も、そのときの成長にあわせたものです。サポートするような言葉でありながらも正直な言葉を使って、フィードバッ

---

(4)　翻訳協力者から「根本的な課題を『自分の作品の出来をメタ認知するスキル』ではなく『時間管理能力』と捉えているところが面白いと思いました」というコメントをもらいました。何が課題であるかと捉えることによって、生徒へのアプローチも変化してくるのではないでしょうか。

(5)　翻訳協力者から「多くの教師はこの部分を読むと『自分にはできない指導だ。時間がかかりすぎる。人数が多すぎる』と思うかもしれません。たしかに、ここでの指導の様子は細やかなものとなっていますが、同じ時間に大人数に対して同時に行う指導ではないのです。ワークショップの授業では、生徒からの支援の要請は散発的で、こちらからのかかわりを含めたとしても、一気にあふれてしまうようなことは経験上ありません」というコメントをもらいました。みなさんも、一度試してみてはいかがでしょうか。

クが常に学びの大切な要素と結びつくようにしましょう。また、取り組みにおける習慣や態度について話すことは避けるようにしてください。

クリティカルなフィードバックを受け入れにくい生徒の場合、取り組みにおいてほかの課題が存在している場合もあります。しかし、学習目標のスキルや内容に焦点を当てれば、ある程度客観性をもって話し合うことができますし、より簡単にフィードバックができます。対照的に、取り組みにおける態度や習慣に言及してしまうと、生徒の性格に疑問を投げかけているように見えてしまったり、フィードバックに対して生徒が防御的になってしまうというきっかけを与えてしまうかもしれません。

次では、生徒がフィードバックをより受け入れやすくなるために、避けるべき行為をいくつか示していきます。

**皮肉**――一見当たり前のことのように思えるかもしれませんが、皮肉や厳しい口調を避けることが大切です。皮肉は、一部の生徒の気持ちを閉じさせてしまいます。あなたの口調がサポートするように温かく、明確であることを意識しましょう。言葉を濁さずはっきりと、その一方で厳しく言わないことです。

**偽りのほめ言葉**――もちろん、私たち教師は、学びにおいてよい経験やポジティブな感情を生徒にもってもらいたいと思っていますが、お世辞でほめたとしても生徒の役には立ちません。むしろ、改善したりするために必要だったかもしれない衝撃を和らげてしまったり、ほめ言葉の価値を薄めてしまったりして、本当に伝えたかったポジティブなフィードバックが意味をなさないものになってしまうかもしれません。それだけに、意味があり、本当に値するときにのみほめ言葉は用いるようにしましょう。(6)

**フィードバックの詰め込みすぎ**——フィードバックは短くシンプルにして、一度に一つか二つの内容だけを取り上げましょう。そうすると、聞いたことを消化するための時間と気持ちの余裕を生徒に与えられます。一度にすべてのフィードバックを提供してしまうと、処理しきれない可能性のほうが高くなります。また、乗り越えられないように見えてしまう障害に直面したと感じてしまい、気持ちを閉ざしてしまったり、諦めたりする場合があります。

フィードバックを受け入れるために必要とされる「やり抜く力」は、教師自らが見本として生徒たちに示すことで養えます。たとえば私の場合、文章を書くことに関して計画性があまりなかったという課題についてよく生徒に伝えていました。時間の無駄だと思って、アウトラインや文

(6)　ほめ方で悩んでいる方には、『オープニングマインド』が参考になります。

章の大枠をつくるという段階をサボってしまうことがしばしばあったのです。そのせいで、私の書く作品は要点にたどり着くまでに時間がかかりすぎてしまい、議論が簡潔でないということがありました。

教師やピアからのフィードバックを受けて、このことに気づいたあとは、時間をかけて自分の文章を書きはじめる前に計画を立て、調整するようになりました。フィードバックを受け入れることで、私は改善ができるようになったのです。

生徒たちは、ライティングを教える先生が今もまだフィードバックを必要としているという事実を興味深く聞いていました。生徒の前で自分の間違いや学習上のごまかしを認めることで誰しも上達への道のりは同じであり、成長するためには建設的なフィードバックが必要である、と生徒に示すことになります。

## 生徒の聞く力を伸ばす

フィードバックを受け取る能力の多くは、よく聞いて、何を言われているのかを真摯に受け止める能力と多くの点で関係しています。また、聞くことは、自動的あるいは生得的《しょうとくてき》に身につくスキルだと考えてしまうかもしれませんが、実際には必ずしもそうではありません。幸いなことに、生徒が聞いたことを真摯に受け止め、それをより適切に使えるようにするための方法が、実は教室にあります。

聞いていることの多くは、話し手の口調やトーンに影響を受けるものです。そのため、フィードバックをしている人の口調やトーンを読めるようになることが生徒にとっては重要となります。アクティブ・リスニング(7)の方法を使って生徒に教えることもできます。もしくは、フィードバックを聞く前に共通の音源を一緒に聞く機会をつくって、聞くためのスキルを向上させることも可能です。

たとえば、授業に関連するような短いポッドキャストやその他の「音源」を再生して、生徒と一緒に聞く機会をつくることからはじめられます。考え聞かせ(8)を使って、ポッドキャストの再生中、必要に応じて一時停止しながらメモを取り、考えていることを言葉にして、聞くときの手本として見せます。

---

(7)　七三ページの注（7）を参照してください。

(8)　(think-aloud) プロトコル。タスクに従事しながら、頭に浮かぶことを口頭で言語化していく方法です。翻訳協力者から「無意識にうまく取り組んでいる人から気づかないところをこの方法で教えてもらうことで、苦手としていた生徒がうまく聞くことができるようになるかもしれません」というコメントをもらいました。詳しいやり方を知りたい方は、『読み聞かせは魔法！』を参照してください。

また、何のために聞いているのかが分かるように、聞く目的を最初に必ず確認することがとても大切です。聞く目的を設定すれば、生徒がどこでメモを取り、はっきりさせるための質問をどこですべきかが焦点化されるので深い理解につながります。どんなときに役立つのか、その例を挙げてみましょう。

公民の授業を受けている生徒が、現在の学習テーマに関連する特定の問題についてアメリカの上院議員が討論している様子を聞くとします。このようなとき、テーマに焦点を当てればより具体的に聞くことができます。そして、議論の準備をするときには、音源を参考資料として利用することも可能となります。また、再び聞くときには、以前の授業につなげながら、将来の学習のために新たな段階へと進むことができます。

音源を聞いたあと、その内容に関連した短い講義を行って、総合的に音源と講義から何を得たのかを生徒たちに考えてもらいます。生徒たちは、個人で振り返りをする時間を設けたあとに小グループに分かれて、ポッドキャストの音源のなかでもっとも重要だと思った点を共有します。その後、クラス全体として、何人かの生徒たちが聞き取れていないかもしれない重要な情報を探り、なぜそれを聞き取ることができなかったのかについて考えます。

あるいは、それぞれの生徒が音源から重要なポイントのリストを書きだし、そのあとにお互いのノートにフィードバックしあいます。ここでも、ノートから何が欠けていたのか、なぜ欠けていたのか、そして、どうやってその欠けていた情報を聞き取ればいいのかについて探究します。(9)

ほとんどの人が、新しい情報を完全に理解するために何度も聞くことになります。そのため、聞くためのスキルについて教える際には、繰り返し取り組むことが大切となります。あなたや生徒が重要なフィードバックを提供しているときには、フィードバックの受け手が必要に応じて参照できるように、何らかの方法でそれを記録することも検討しましょう。(10)グーグル・ドキュメント上のコメントとして、またはボクサーやiMovie、Screencast-O-Maticのようなツールを用いながら、書面などにおいてそれを記録することができます。

ほかのスキルと同じく、聞くことに意識を向けた練習をする必要があることを忘れないでください。可能であれば、あらゆる教科領域において音源の聞き取る力を向上させるために、反転学習のモデルを使用して、自宅で短いビデオを見てもらうというのもよいでしょう。(11)

(9) ここで使われている手法は「個人、ペア（ないしグループ）、全体」という方法で、たくさんのバリエーションがあります。『私にも言いたいことがあります！』の第3章を参照してください。
(10) 一七六ページに説明があります。
(11) つまり、授業において、自宅で見た内容を使った活動をするということを意味します。

## より良い学習のために、フィードバックを使いこなすことを生徒に教える方法

私たちが伝えたいことを生徒が聞けるようになっていると確認できたら、今度は、聞いたことをこれからの学習や自らのスキル向上のためにいかす必要があります。ここでは、フィードバックを提供し、使用するという継続的なサイクルが、教室でどのように機能するのかを説明するために、私自身の教室におけるストーリーを紹介します。そして、生徒がフィードバックを本当に自らのものにして、確実に学びで応用できるようになるための方法を示します。

### 生徒がフィードバックを使えるようにする

教師の仕事が順調に進んでいるとしたら、生徒は、何をうまくやっているのか、何を改善する必要があるのかについて知っているだけでなく、必要な分野に活用するための方法も身につけているはずです。

さらに、さまざまな形でその方法を提供することもできるはずです。たとえば、グーグル・ドキュメントにコメントを付けたり[12]、一対一のカンファランスを行ったとき、そのなかでヒントを提供したり、同じ課題を抱えた生徒の少人数グループでアイディアを出しあって共有することも

できるでしょう。また、ほとんどの生徒が同じスキルや内容で苦労している場合は、クラス全体に特定の方法を教えるといったことも考えられます。

　昨年は、クラス全員が要約と分析の違いを理解するために、異なるアプローチを三回も使って試行錯誤しました。生徒が書いた、詩に対する分析の論文（生徒たちが書く一連の分析論文中の最初のもの）を読んだあとに次のことに気づきました。ほとんどの生徒は、根拠として引用した文章を分析したのではなく、文献から得た情報を要約していただけだったのです。

　彼らにとって分析とは、詳細な要約や説明を意味していることが分かりました。生徒が分析方法を知っていると思い込むのではなく、まずはペースを落として、分析の方法を明確に教える必要がありました。そのため、最初に実施した授業とは異なるアプローチで、クラス全体への授業をしたほうがよいと思いました。

　私は、まず壁に模造紙を貼ってから、論文の裏づけになりそうなテキスト（ロバート・フロスト［Robert Lee Frost, 1874～1963］の詩「The Lockless Door（鍵なしのドア）」）からの引用を生徒に挙げてもらいました。今回、私たちは、「ロバート・フロストは、“The Lockless Door”を

（12）翻訳協力者から「双方向性があり、記録が残る点でとても便利です」というコメントをもらいました。新型コロナの影響で、オンラインもしくはハイブリッドでの授業が展開されるようになり、一層活用できる場面が増えてきそうです。

通して、人間として、私たちが常に避けられないものから逃れようとしているという考えを伝えるために、象徴的表現[13]と繰り返しの表現を使用している」というテーマで論文を書くと仮定しました。そして、その論文をサポートするために、次の引用文を使用しました。

It went many years（多くの月日が過ぎていった）
But at last came a knock（しかし、最後にはドアをノックした）
And I thought of the door（そして、私はドアについて考えた）
With no lock to lock（そのドアには、鍵をかけるための鍵がなかった）

この論文の主張をサポートするための論拠になる文章を探すためには、セリフをざっと理解するだけでは不十分で、フロストが使う特定の言葉や文学的な仕掛けを深く掘り下げていく必要があります。そのため、私は「考え聞かせ」を行い、授業の初めに、自分の考えを模造紙に記録しながら、論文を支持するための論拠を示すには何が必要なのかについてブレインストーミングしました。

次に、隣に掛けてあった別の模造紙に、テキストから引用した文を書きました。そして、フロストの言葉がどのように論文の根拠になっているのかについて私なりの分析を示しました。

引用した文の内容を似たような表現で要約して繰り返すのではなく、議論したいことを明確にし、その論拠となる引用文を挿入しました。論拠の分析を論文に結び付け、論文にはテキストから引用した文章の少なくとも二倍となる文章を含めるべきであることを、生徒たちが思い出せるようにしました。

この活動のあと、同じテーブルに座っているグループの生徒たちに同じようなことを体験してもらいました。各グループの生徒たちは、私が先ほど授業で使用した引用文を分析しながらそれぞれ文章を書きました。そのあと、グループで作成中の論文を一つ選び、チームで見直しを行い、お互いにフィードバックをしあって修正しました。

生徒たちは、分析の焦点が絞られていて、詳しく書かれている部分に印を付けました。そして、その主張がしっかりと書かれているかどうかを確認しました。具体的には、「著者は～のようだ」、「～だと思われる」などといったはっきりしない言い回しや、論文の信頼性を損なってしまうような表現や言葉を除外しました。

(13)　言葉に表しにくい事象、心象などに対して、それを想起、連想させるような具体的な事物や感覚的な言葉に置き換えて表すことです。

一旦グループで一つのよい分析を完成させられると、生徒たちはこのプロセスで学んだことをクラス全体で共有しました。最後に、学んだことを使って書いた論文の修正に生徒たちそれぞれが取り組みました。そして、授業の終わり、書き直した段落を別のテーブルにいる誰かと共有するようにと生徒たちに言いました。そのときに生徒たちが見る主なポイントは次のようなものでした。

・新しいアイディアを紹介するための明確なトピック・センテンス。(14)
・新しいアイディアを裏づける証拠となる本や文章。
・論文を支えるためのすべてを結びつけた分析。
・次の証拠となる本や文章を紹介するための導入になる結びの文章。

生徒たちが論文を書き終えたあと、クラス全体、小グループ、そして個人でこれまで練習してきたプロセスを振り返りました。彼らの振り返りを読むうちに、私は「分析」という重要なスキルをどのように教えるべきかについてより深く理解することができました。また、どの生徒が下書きや授業で得た最初のフィードバックを活用できていたのか、どの生徒がさらなるサポートや代わりとなる方法を必要としていたのかについても明らかになりました。

## 生徒たちが理解していることを確認する

教える教科や年齢に応じて、また生徒それぞれのニーズにあわせながら、フィードバックを活用しつつ、どのように一人ひとりをいかす形で教えたらいいのかについて考える必要があります。ここでは、生徒が受け取ったフィードバックを本当に理解し、学習にうまく活用できるようにするための方法をいくつか紹介していきます。

❏年少の生徒だけでなく、年長の生徒でも集中力や自己管理面の問題を抱えている場合は、一度に与える課題をパートごとに分けたり、フィードバックを活用する前にその練習をするための機会を多く提供するようにします。

❏生徒に、与えられたフィードバックを見直してもらいます。そして、口頭または書く形で、フィードバックを自分の言葉で要約し、質問があればメモをしておくようにと言います。生徒に要約させることで、生徒がフィードバックをどれだけ理解しているのかが分かります。それは、生徒がフィードバックを自分の作品に活用できるかどうかを確認するときにも役立ちます。

(14)　英語の文章を書くときに用いる段落の主要なアイディアを要約する文のことです。多くの場合は、各段落の冒頭に書かれます。

また、生徒の質問を見ることで、あなたも生徒も、提供されたフィードバックと、それに対して取るべき方法をより明確に理解することができます。あなたがどれだけ明確に伝えていると思っても、生徒たちが理解していなければ意味がありません。重要なのは、生徒たちが実際に何を学んでいるのか、ということです。

❏新しい方法を生徒に教える前に、まずはこれまで学習してきた方法について考えさせ、フィードバックを活用するために使える方法があるかどうかを検討させています。過去の学習とつなげる活動は、内容が変化したとしても、習得したスキルを共通して使えるということを明らかにします。また、異なる授業や教科においても、生徒が習熟度を高めていくことに役立ちます。

たとえば、国語の授業で論文の書き方について生徒が学んだとします。生徒はその知識を、社会科の授業における資料をベースにした問いに答えるエッセイや、理科の授業において仮説を検証する研究レポートに応用することができます。最初のうちは、生徒がつながりを理解できるように手助けをし、時間が経つにつれてそのサポートを減らしていきます。

❏生徒が自分で資料を見つけて、クラスにおいて役に立つ資料の共有を奨励します。クラスのウェブサイト上に、「資料コーナー」として生徒が集めた資料を共有するスペースを用意することもできます。その資料自体も、生徒自らが作成したものであればさらによいでしょう。また、次年度以降の生徒たちとも共有できるように、自分たちがよく知っている内容やスキル、そして方

法に関して、五分間の「入門コース用」のビデオを作成するといった課題を投げかけることもできます。(15)

❏フィードバックを提供したり、それを活用したりするプロセスを一緒に手伝ってくれる（それらのスキルに長けた）生徒をピア・リーダーとして勧誘します。そして、生徒たちには、フィードバックについて互いに話し合ったり、特定の分野に関しては、ピア・リーダーとカンファランスしてから教師の助けを求めたりするように、と言います。

ピア・リーダーとして誰を選ぶかは、あなたが教えているスキルや内容によって異なるでしょう。ピア・リーダーの役割を与えることで、その生徒は自らの強みをいかしてほかの人を助けるようになるほか、どの程度習熟しているのかについて教師に示すようになります。また、ピア・リーダーからのサポート(16)以上の手助けを必要としている生徒に対してのみ、教師が集中してサポートできるようになります。

(15)　翻訳協力者から「置いておくだけだと、置いた資料を誰も見なくなりそうなので、定期的に授業で扱うなどの工夫が必要です」というコメントをもらいました。資料コーナーを活用できるようなミニ・レッスンを授業で取り入れてみたり、授業で質問を受けた際には、資料コーナーを見るようにと声をかけたりするといった工夫が必要かもしれません。

私が行っている新聞の授業では、編集担当の生徒が重要なフィードバックや改善策を記者役の生徒たちに伝える役割を担っています。私は、定期的にドキュメント[17]に目を通し、記者役の生徒たちが与えられたフィードバックとそれを活用していく方法を理解しているかどうかを確認するために、編集担当が与えたフィードバックを見直すようにしています。

初歩的な訂正はピア・リーダーとしての編集担当が行っていますので、私はどのように進めていけばよいのかが確認できるように、記者役の生徒たち（なかでも、とくにニーズの高い者たち）と一対一で取り組む時間だけに集中することができます。記者役の生徒たちは、修正原稿を編集担当の生徒に送り返します。編集担当の生徒は、それを確認したあと、ファクトチェッカー[18]と編集長の生徒にわたします。いうまでもなく編集長は、記事の掲載準備が整ったかどうかを判断する役割を担っています[19]。

フィードバックと修正は継続的なプロセスであることを説明するために、私の学校における新聞の授業を事例として少し紹介しました。継続的なプロセスであるというこの事実を、繰り返し生徒に思い出させることが重要です。

次の第5章では、フィードバックのプロセスについて生徒に紹介する方法を説明しますので、そのことを忘れずに読み進めてください。

## 振り返りのための問い

❶クリティカルなフィードバックに耳を傾け、答えるために、現在どのようなことを生徒に教えていますか？

❷もらったフィードバックを生徒が活用できるようになるために、現在どのような指導をしていますか？　フィードバックがあなたの授業における学習プロセスの一部となるために、どのような手順や方法を生徒たちに提供していますか？

(16) 翻訳協力者から「ピア・リーダーとして依頼することは、彼らを成長させることができると感じます。体育の授業など、できる生徒がピア・リーダーとなれれば、できない生徒を責めたり、下に見てしまうというカーストがなくせるかもしれません」というコメントをもらいました。ピア・リーダーの取り組みは、クラスを安心安全な場にすることにもつながる可能性があります。

(17) グーグルやマイクロソフトのOne Driveなど、どこからでもアクセスできるオンライン・ファイルのことです。

(18) 事実関係を確認する役割を担う生徒です。

(19) 以上の役割から、普通の新聞社と同じような役割を生徒たちが担っていることが分かります。編集長のもとに数人の編集担当者（デスク）とファクトチェッカーがいて、多くの記者が存在する形で授業運営をしているということです。

# 第5章

# 生徒がフィードバックのプロセスを理解できるようにする

私はこれまで、なぜピア・フィードバックが重要なのか、フィードバックを相互にしあうための条件をどのようにつくるのか、意味のあるフィードバックはどのようなものなのか、生徒がそれを受け止めて使いこなすためにはどのような指導をすべきなのかについて検討してきました。今こそ、生徒が教室でピア・フィードバックを使えるように準備するときです。

この章では、二段階のアプローチについて説明をしていきます。まず、生徒が「目標達成のための基準」をつくりだして使いこなせるように支援する方法を示し、次に実際のピア・フィードバックのプロセスを紹介していきます。

## 生徒が「目標達成のための基準」をつくりだして使いこなせるように支援する

生徒がピア・フィードバックを提供したり、受け取ったり、使いこなしたりする準備ができるようになる前に、自分の取り組みを見直したり、何と比べて評価するのかについて知る必要があります。言葉を換えれば、与えられた課題における「成功」とはどのようなものなのかを知る必要があるということです。

その成功は、教師のみに明らかな、形のないものではいけません。とくに、それを実際にやろうとしている生徒にとって、はっきりと分かりやすく、認識可能なものでなければなりません。ここでは、生徒の強みと弱みを明らかにしたり、生徒とともにルーブリック（評価基準表）を作成したりすることで、成功（＝目標達成）のための基準を生徒が理解し、つくりだし、使いこなせるようになるガイドをします。

### 生徒の「強み」と「弱み」を知ること

新年度がはじまってからエキスパート・グループ[1]をつくる約二か月後までに、生徒の強みと弱みをしっかり把握しておく必要があります。最初の数週間でそれを可能にする方法を紹介します。

❏生徒のデータを収集する最初の一か月は、頻繁にクラスの状況を見取り、その傾向を記録してください。生徒の取り組みから学習状況を把握し、必要に応じて書面や口頭のフィードバックを提供します。「目標達成のための基準」に示された用語を使った具体的なフィードバックをしましょう。また、修正が必要なところには、その具体的な方法も提供してください。

❏生徒はフィードバックを受け取る前後に、学習について定期的に振り返り、フィードバックに基づいて改善するために使った方法や、何が強みで、何を弱みと考えているのかについて自分で説明するようにします。この情報は、エキスパート・グループとその他の通常のグループが活動するとき、生徒をどのように組み合わせればよいのかを決める際に役立ちます。

❏生徒が何を知っていて、何ができるのかについて把握するために、一対一のカンファランスを行います。カンファランスに備えるだけではなく、[2]生徒の振り返りのプロセスを助けるために具体的な質問を（**表5-1**参照）、グーグル・フォームなどを使って事前にアンケートをとればとても効果的です。事前に記入すれば、生徒はカンファランスで話し合うことについて考える機会がもてますし、あなたもより効率的に、各生徒について知りたい[3]重要な点に的が絞れます。グーグル・フォームは、アンケートの回答を含む別のスプレッドシートを自動的につくることができるほか、生徒が回答した隣にメモを書き入れることもできます。

❏生徒たちは、小グループ対象のカンファランスで話し合います。すると、生徒同士の協働作業

**表５－１　一対一のカンファランスに備える質問紙の例**

①編集者やクラスメイトからどんなフィードバックを受け取りましたか？
何を学んだか、具体的に述べてください。

②今回取り組んでいる課題に対応しているのはどの達成目標(*)だと思いますか？

③どの達成目標を満たしているのか、または超えているのでしょうか？
以下に、その達成目標をコピーしてください。

④あなたは、この達成目標を満たしていたり、超えていたりするということをどのように説明できますか？
あなたの作品からその証拠を教えてください。

⑤どの達成目標について、さらに取り組む必要がありますか？
以下に、達成目標をコピーしてください。

⑥それらの達成目標で、引き続き取り組む必要があるのか、またはサポートを受ける必要があるということが、どうして分かるのですか？
あなたの作品から証拠を提供してください。

（＊）アメリカの場合は、各州共通基礎スタンダード（CCSS：Common Core State Standards）や国際テクノロジー教育協会（ISTE：International Society for Technology in Education）のスタンダードに照らしてということですが、日本の場合は学習指導要領がそれに相当します。

に必要なスキルだけでなく、具体的なグループのダイナミクスや関係性を把握することができます。[4]「どの生徒が躊躇していますか？」、「どの生徒がリードしていますか？」、「誰が誰とよく取り組んでいますか？」など、年度当初の観察を通して、これらの質問に対する答えが見いだせるはずです。

最初の数回は、生徒がグループを自分で選ぶとよいでしょう（年少の生徒たちは、自分にとって効果的なグループを選ぶための思考プロセスを理解するために、より多くのガイダンスを必要とするかもしれません）。年度が進行するにつれて、必要に応じてグループを調整していくようにします。

## ルーブリックを一緒に作成する

共同でルーブリックを作成することは、「目標達成のための基準」を生徒自身のものとして使えるようにするためにはよい方法といえます。このルーブリックですが、いくつかの領域で習熟度を何段階かに分けて示すといった、一般的なものである必要はありません。達成目標（スタンダード）に達している取り組みに含まれている特徴を示すだけでもよいのです。[5]

授業をはじめる段階で、生徒たちがその授業で達成したい特定の達成目標を理解しているようにしたいです。そうすれば、自分たちが何に取り組んでいるのかを知ることができます。また生徒は、達成目標を分析し、その達成目標を習得したときの状態がどのように見えるのかをイメージし、習得を確認するための基準を考えだすことになります。(6)

これから、ルーブリックのつくり方を紹介します。小グループやクラス全体で、与えられた達成目標に達した課題がもつべき特徴について、生徒にブレインストーミングをしてもらいます。(7)

黒板に特徴のリストをまとめ、それぞれの特徴が具体的な取り組みとどのように一致するのか、クラスとして決定していきます。具体的なスキルのフィードバックをあなたから生徒が受け取り、その後、クラスメイトにフィードバックを提供するとき、そこで使われている言葉に慣れるため

---

(1)　第6章で詳しく説明されています。ある課題を特定のスキルや内容ごとに分け、少人数のグループをいくつかつくります。各グループのメンバーは、自分たちのスキルを習熟するまで成長し、ほかの生徒たちにフィードバックを提供します。
(2)　三五ページの注(3)を参照してください。
(3)　グーグル社が提供するエクセルとほぼ同じ機能をもちます。グラフを作成したり、統計をとったりできる表計算ソフトで、無料です。
(4)　集団における個人の思考や行動は、その集団の影響を受けますが、集団もまた個人の影響を受けるという集団力学を指します。
(5)　具体例を一〇六ページの**表5－2**に紹介しています。

表５－２　９年生「地球と環境科学の実験」用に生徒がつくりだしたルーブリック

| CCSS が示す達成目標 | 生徒が考えた目標達成のための基準 |
|---|---|
| 国語リテラシー・９～10学年<br>緻密に説明しながら、科学的および技術的資料の分析をサポートする具体的な文章による証拠を引用する。 | 地球温暖化に対する自分の考えと、それについての考えを支えるため、資料から三つの引用をする。しかも、適切に引用する。 |
| 国語リテラシー・９～10学年<br>教科書に示された特別な例や例外に注意しつつ、実験したり、測定したり、テクニカルな課題をやり遂げたりするときに、緻密で複雑な手順を踏んでいる。 | 実験は、教科書および実験の指示どおりに手順を追っている。レポートは、はっきりと整理され特定された指示に従い、よくまとまった内容になっている。 |
| 国語リテラシー・９～10学年<br>正確な主張を導入し、その主張を代わりの主張や反対の主張と区別し、主張、反論、理由、および証拠の間の明確な関係性を明らかにするような構成にする。 | 実験レポートは、はっきりと主張する明確な仮説を含んでいる。実験したあと、なされた実験に具体的に関係する主張を含む結論を導いている。 |

にこのリストを継続的に参照できるようにします。次に示すのは、九年生が理科の実験のときにつくった特徴のリストです。

・実験のすべての要素が含まれている。
・発見するための参考として読んだ本の内容にも裏づけとなる証拠がある。
・科学的な方法を示すように、実験が適切に行われている。
・きちんと実験が行われるように段階を踏んでいる。
・レポートには、すべての

部分に対して適切に項目が立てられている。

右に挙げた**表5-2**には、生徒のやり取りから（各州共通基礎スタンダード＝CCSSを参考にしつつ）つくりだされた「目標達成のための基準」に関するルーブリックが示されています。

---

（6）翻訳協力者から、「一般にこういう考え方ができる教師は少ないと思います。たとえば、やっとはじまるGIGAスクールですが、市教委から来ている『GIGA開き』の授業は、アカウントの配布と機能の紹介といった事務的なものでした。私は、それ以前に『①やりたいこと』、『②予想される妨げ』、『③GIGAの理念に則って必要な合意』を考えてもらい、GIGAスクールの達成目標や約束を生徒自身でつくるファシリテーションからはじめています。どちらが、お互いがブレずに活動できるかは自明だと思います。こうした活動を『生徒指導』や『デジタルモラル』みたいな目線でしか見ないと、教え込みの支配授業になってしまいます。『誰のため？生徒のため』という仮面をかぶった教師中心の学校文化が変わるためには、新しい教育を受けた世代が必要だと思います」というコメントをもらいました。受け身でなく、自分たちにあった達成目標を策定したり、つくり替えたりして、そこに至るプロセスを探究していく学習は生徒だけでなく教師にとっても必須だということです。

（7）翻訳協力者から、「もしかしたら、この部分で『教育の達成目標はもっと深いモノだ』などという批判があるかもしれません。しかし、明確な基準で評価していくなかで、それら『深いモノ』も、それこそ深いところで生まれてくるのではないか、と。『教育で育てるものは、個別的で、表面に出てきづらいものだから評価できない』というのは、どうも教師の言い訳のように聞こえます」というコメントをもらいました。生徒が達成目標を明確にして、自分たちの言葉でその目標を掲げることは非常に重要ですし、教師が評価できるだけでなく、生徒自身の自己評価にもつながります。

授業でルーブリックをつくることができたら、達成目標で用いた言葉でフィードバックを伝えるようにしましょう。また、反復することでスキルの習得に近づけるように、学習過程を通して「目標達成のための基準」を満たす方法を継続的に提供しましょう。やがて、生徒同士でフィードバックをしたり、基準を満たす方法を考えるようになります。

生徒に簡単なチェックリストをわたして、自分の取り組みにリストの要素がすべて含まれているかどうかを確認するのもよいでしょう。どの教科においても、自分の取り組みが完了したかどうかについて簡単に判断できるようになります。

## 生徒をフィードバックのプロセスへ導く

フィードバックを提供するプロセスへと生徒を参加させるのは、目標達成のための基準を理解し、つくりだし、使ってきた今が、まさにそのときです。ウォーミングアップとして、教師に対してフィードバックしてもらうことからはじめる方法をおすすめします。それは、次のように簡単にできます。

まずは学習において自立性を高めたいかどうかについて自由に対話をしたり、理想的な教室がどのようになるのかについて議論して、理想的な教室についての創造的なストーリーを書くように依頼するのです。生徒が自発的に考えるプロセスに慣れてくると、ピア・フィードバックを導入することで次第に順応していきます。

## 生徒にフィードバックを要求する

生徒がピア・フィードバックをはじめる前に、教師に対してフィードバックするように求めて、フィードバックのやり方に関するイメージをつかんでもらいましょう。あなたが何年生を教えているかにもよりますが、現在行っている授業の感想やもっと取り組んでみたいことについて、生徒からのフィードバックを求めるのです。時に素晴らしい、教師も予期しないような考えを生徒は抱いているものです。教室での学習を生徒と共同でつくりあげる準備をする際には、次のような質問をしてみてください。

- 学ぶことの責任は誰が負っていますか？　なぜ、そう思いますか？
- あなたは、自分の学習にどのようにかかわりたいですか？
- どのような活動や課題をあなたはもっとも楽しんでいますか？　それは、どうしてですか？
- あなたが一番よく学べる方法は何ですか？　それは、どうして分かりますか？

次に視点を変え、生徒自身がフィードバックから得たいことについて考えてもらいます。フィードバックを提供することは、聞くことからはじまる複数のステップで構成されている複雑な取り組みです。単純に、「これを見てください。もし問題がなければ、そう言ってください」のような生徒の問いに答えることではありません。生徒にとって必要とするものは何かを尋ね、実際に耳を傾けるとき、本当に核心をついたフィードバックを与えることができるのです。そのときの質問には、次のようなものが含まれるでしょう。

・あなたがこのフィードバックに求めているものを具体的に言うと何ですか？
・あなたの最大の強みは何だと思いますか？　どうして、そう思うのですか？
・あなたは、何に苦労していると思いますか？　どうして、そう思うのですか？
・あなたは、どんなところで成長してきたと思いますか？　どうして、そう思うのですか？
・今後、どのようなことに取り組みたいですか？
・あなたが必要とするフィードバックを、私はどのようにしたら提供できるでしょうか？　たとえば、ノートに書き込んでほしいですか？　それとも、カンファランスで話し合ったほうがより良い支援になりますか？

生徒の得意なことについてやり取りをするときは、成績の話には触れないようにしてください。その代わり、生徒が得意としているスキルや理解していることを、ほかの授業や学校の内外で使いこなしている状況について夢中になって話してもらいます。

この時点までの取り組みの多くは、生徒が自らのニーズを理解し、目標を設定し、目標達成のための基準に照らして、現在の進捗状況を評価できるようにすることを目的としています。生徒が自分に必要なことを明らかにできたら、適切なフィードバックを提供する人の役割が重要になってきます。それは、熱心に耳を傾け、曖昧な点をはっきりさせるための質問をすることです。

## ピア・フィードバックにおける初期段階の支援

次に、あなたにフィードバックを提供したように、生徒同士でもフィードバックが提供できるようなハードルの低い機会を増やして、ピア・フィードバックに足を踏み入れてもらいましょう。一つの方法として、クラス全体でツイッターのチャットに参加して、作品例や記事を検討し、肯定的なフィードバックと批判的なフィードバックをツイートします。

私が教えている広告や経理面も含めた出版メディアのクラスでは、毎週、生徒は記事に関するチャットに参加しました。それらの記事は、取り組んでいるプロジェクトに直接関係する内容のものでした。彼らは、読んだことを学習にいかして、改善できると思う分野に関して、自分たちのプロジェクト・グループにフィードバックを提供しました。

このコースを教えていた私と二人の教師は、生徒が苦戦しているところに適した関連性のあるテキストを見つけるために尽力しました。自分たちのプロジェクトをうまく修正し、発展させるためには、単純に教師が生徒に答えを提供するのではなく、生徒自身が答えを見つけていく必要があります。そのためにも、まずは教師に尋ねる必要のある問いを生徒自身が見つけださなければなりませんでした。

年間を通じて、生徒は広告キャンペーンについて学んでいたので、調査を実施するなどの学習内容をプロジェクトに応用して取り組みました。スキルを応用するための小規模なプロジェクト(8)を実施することも、生徒が広告代理店として最終プレゼンテーションを準備するためのポートフォリオづくり(9)に役立ちました。

ピア・フィードバックのプロセスを支援するもう一つのよい方法は、最初からフィードバックをしあうのではなく、作品を評価するためのアンケートに記入することです（グーグル・フォームなどを使って効率的に行えるアンケート例は、一一四ページからの**表5-3**を見てください）。生徒が、学習、フィードバック、修正のどの段階にいるかによって、アンケートの質問は変わってきます。

## 質の高いピア・フィードバックを実現する

「フィードバック」は、生徒をより良い形で学習プロセスにかかわらせようとするときにみんなが使う言葉です。しかし、生徒が具体的なフィードバックができるように教えなければフィードバックの意味はありません。フィードバックの質こそが、生徒がフィードバックによってどの程度成長できるかを決める最大の要因となります。

フィードバックの見本を示し、指導するために建設的なアプローチをとると、教師からの具体的な助けがなくても生徒自らがフィードバックについて考えられるような、深い学びになります[10]。そのような質の高いピア・フィードバックを実現するためのヒントを次に紹介します。

■ピア・フィードバックをするための課題をはじめる前に、生徒が達成目標と目標達成のための基準を理解していることを確認してください。そうすれば、質の高い作品に期待されていること

---

(8) ここまでの取り組みの分析や評価のためのプロジェクトのことです。

(9) アピールしたい実績や作品をひとまとめにする「紙挟み」や「書類入れ」が語源で、それが転じて生徒が授業中につくりだした作品をファイル化するようなものを指します。

(10) 翻訳協力者から、「基準が明確で、目指すところが分かること、評価、そしていわゆる主体的な学習態度の評価をするには教員の力量が必要だということでしょう。ＩＣＴを使った授業研究なんかをやっている場合ではないでしょう。それに、評価はパフォーマンスやプロジェクト学習とつながっています。海外のレベルの高さを感じて、震える思いです」というコメントをもらいました。フィードバックについて学ぶことは、評価について深く考察することにもなります。フィードバックは、生徒を育てるための、大きな評価の機能を果たします。

表5－3　ピア・フィードバックを支援するためのアンケートの例

**風刺映画のピア・レビュー**

1．グループメンバーの名前

2．映画のタイトル

3．映画の上映時間
　○ 4分以下　　○ 4～5分　　○ 6～7分
　○ 8～9分　　○ 10分以上

4．映画は、理解のずれがない、完璧なストーリーを語るのに適切な長さだったと思いますか？

5．映画が適切な長さであった、あるいはそうでなかった、とあなたが感じたのはなぜでしょうか？

6．風刺の前提を要約してください。
それは、何についてのものでしたか？

7．グループは、風刺のコンセプトを理解していたと思いますか？　具体的に書いてください。また、風刺についてあなたが知っていることに基づき、どのような場面でその方法が使われていましたか？

8．グループが『大いなる遺産』を効果的に理解し、活用して、何かを創造的につくりだしましたか？
なぜそう思うのか、またはそう思わないのかについて説明してください。
実際に本に書かれていた場面は、正確で適切でしたか？

９．グループは、以下の達成目標のうち、どれを達成したと思いますか？
当てはまるものすべてにチェックを入れてください。

□ R.1.2.(*)　生徒は文学作品の各場面を理解できる。

□ R.2.2.　生徒は状況を利用して、作品の意味を理解し、詳しく説明することができる。

□ R.3.2.　生徒は作者の文学的なレトリックの工夫、言葉、文体ついて解釈し、分析し、批評できる。

□ W.1.1.　生徒は作者の目的、ねらい、読者、ジャンルなどの要素を分析できる。

□ W.2.2.　生徒は作品から情報とアイディアを生みだし、選び、つなげ、まとめることができる。

□ W.3.1.　生徒は事前に描いた構成メモに書きだしたポイントを、引き伸ばすための文章をつくりだしている。

□生徒は意図した効果を生みだすために文体が選べる。

□ W.5.4.　生徒はプレゼンテーション／出版のために必要となる文章を準備している。

□ S.3.1.　生徒はプレゼンテーションやパフォーマンスを計画するとき、目的や視聴対象について状況分析ができる。

□ S.3.4.　生徒は発表し、視聴者の熱中度をモニターし、それに応じた提示の仕方を調整できる。

□ M.1.1.　生徒はメディア・コミュニケーションの本質を理解している。

□ M.2.2.　生徒は創造的なメディア・コミュニケーションをつくりだすことができる。

□生徒は ICT と編集過程を理解している。

10. グループはICTの知識を示して、効果的に映画を撮影し、編集することができましたか？

○　はい　　　　○　いいえ

11. グループのICT関連の努力に言及しながら、10への回答を説明してください。
具体的には、何がうまくいきましたか？　あるいは、改善が必要なものは何ですか？

12. グループの映画でもっとも好きなところは何ですか？
具体的に書いてください。

13. 何について改善できると思いますか？
建設的で具体的に書いてください。

14. このグループに成績をつけるとしたら、９点満点中何点だと思いますか？

○０　○１　○２　○３　○４
○５　○６　○７　○８　○９

15. なぜグループは、この点数が取れると思いましたか？
具体的に書き、可能なかぎり上記の達成目標に基づいて評価してください。

16. グループに伝えたいことはどんなフィードバックですか？
これは、クラスにおいて匿名で共有されます。

（＊）文頭の英数字は、CCSS（各州共通基礎スタンダード）に則っている項目の番号です。R は Reading、W は Writing、S は Speaking、M は Media Literacy を指します。

が理解できます。課題の手本となるようなものだけでなく、一〇四ページから一〇八ページで説明したように、ルーブリックを提供したり、作成してもよいでしょう。

- クラス全体で、ピア・フィードバックの練習ができる機会を生徒に提供してください。そこで、あなたは生徒の質問に答えることができます。また、質の高いフィードバックかどうかも確認できます。単に「いいね」や「これは修正の必要がある」といったコメントではなく、それ以上のことを生徒たちはできるのです。フィードバックとは、自分たちを前進させるための行動計画を提供するものであるということを、生徒たちは理解する必要があります。
- 教師は自分で作成したグーグル・フォームを使用して、具体的な質問を投げかけます。そのとき、課題に直接関連した内容になるように生徒のフィードバックを誘導しましょう。そして、アンケートのフィードバックをクラス全体で共有するようにします。

このような方法によって、生徒のフィードバック全部を見通して、彼らが見逃した重要な支援を付け加えることができます。また、練習を重ねれば生徒は質の高いフィードバックが提供できるようになります。その過程でグループを設定して、生徒同士が一緒に取り組むようにします。すると、生徒同士では難しいと思われる内容に関する追加支援を、小さなグループや個別の生徒に対して提供するための時間が確保できます。

| 生徒B | | |
|---|---|---|
| はまるべきものが、すべてうまくはまり、これ以上は短くできなかったと思います。 | ピップ、オリヴァー・ツイスト、ハーバートによる「誰が紳士になりたいのか？」の興行ショーのことでした。基本的には正しい服装を選んだり、ダンスをしたり、質問に答えたりなど、決まった課題を行うことです。 | 彼らは、ピップをとても生意気にさせ、ビデオにオリヴァー・トゥイストを加えましたが、彼がお金のためにだけ興行ショーに参加していたのが面白かったです。 |

〈ディケンズの小説『大いなる遺産』に基づく風刺映画〉

**（訳者による作品解説）**

イギリスの文豪チャールズ・ディケンズによる長編小説で、1860〜1861年に発表されました。孤児の主人公ピップが、少年時代から青春時代を回想のうちに語る半自叙伝的小説です。そのあらすじは以下のようなものです。

冒頭、ピップは墓地で出会った囚人を助ける。助けた囚人マグウィッチは再び捕まってオーストラリアに流刑となるが、そこで成功し、一財産をつくる。ピップは老婦人ミス・ハヴィシャムの屋敷に時々招かれて養女エステラと出会うが、彼女に冷たくされる。マグウィッチは、名を伏せたまま弁護士ジャガーズを介し、ピップに紳士になるための教育費とのちに遺産を贈ることを伝える。

ピップは、そのお金をミス・ハヴィシャムからのものだと思い一旦ロンドンに出るが、後日呼び戻される。マグウィッチはやがてこっそり帰国してピップに事情を話すが、捕まると死刑になるため逃避行せざるを得ず、ピップと友人のハーバートが助ける。

エステラは結婚し、ミス・ハヴィシャムはピップにエステラがマグウィッチの子どもだと話す。母親は，殺人を犯した後弁護士ジャガーズに救われ，その家の女中になったモリーだということも判明した。マグウィッチの海外逃亡を手助けする途中、マグウィッチは重傷を負い獄につながれる。そこを訪れたピップは娘の存在を彼に伝える。

彼は亡くなり，その後ピップは重い病気にかかって，回復後は東洋に働きに行く。11年後に帰国したとき、ミス・ハヴィシャムの屋敷を訪れると、未亡人となり、優しい人柄に変わったエステラと再会する。

表５－４　アンケートに対する２人の生徒（ＡとＢ）の回答例（風刺映画のピア・レビュー）

| なぜあなたは、映画が適切な長さであった（あるいは、そうではなかった）と思いますか？ | 風刺の前提を要約してください。 | グループが風刺の概念を理解していると思いますか？　具体的に書いてください。 |
|---|---|---|
| 生徒Ａ | | |
| 映画は筋書きに必要なすべての要素を扱っていました。<br>登場人物の視点を加えて、すべての場面は別の場面へとつながっていました。抜けているところはなく、すべての物語があるべき順序で流れているように感じました。<br>さらに何かを追加する必要はなく、何かを減らすと、すべてについて説明できないように思いました。 | 風刺の目的は、モリーとマグウィッチ二人の背景と、エステラが生まれる前後の彼らの人生がどのようなものだったかを知ることでした。この映画にはモリーとジャガーズの物語も含まれており、モリーが子どもを失ったとマグウィッチに伝えることで筋書きにひねりを加えました。<br>モリーは赤ちゃんの面倒を見てもらうためにミス・ハビシャムに赤ちゃんをわたしました。<br>マグウィッチの葬式のあと、ピップとエステラは再会し、二人の感情があふれだします。<br>そのときエステラは、マグウィッチが自分の父親であるということは知らないながらも、彼の夢を見るのです。 | 映画は多くの登場人物を嘲笑しているので、グループは風刺の概念を理解しています。<br>映画は、ジャガーズを完璧なクソ野郎に仕立てあげることで、彼の役割を誇張しました。しかし、まるで小説のなかのように彼は力強さが維持できました。<br>映画は、マグウィッチの役割も、薬物中毒や贋金《にせがね》づくりに仕立てあげることで誇張していますが、そのことは、なぜ彼が牢獄につながれることになったのかを説明していました。 |

前ページに掲載した**表５－４**は、特定のプロジェクトに関して、グーグル・フォームで尋ねた際に二人の生徒が回答したものです。このようなアンケートを作成するためのガイドラインを紹介しておきましょう。

・課題で求められていることを具体的に尋ねるように、アンケートをデザインしましょう。
・アンケートは、短くて答えやすいものにしてください。
・フィードバックについては、生徒同士では最初のうちは匿名であったとしても、収集するときには、教師に対して記名してもらうようにしましょう。
・アンケートに答える時間を授業中にとりますが、あとで生徒が自由に答えの修正ができるように、編集可能なものにします。

❏あなたとだけではなく、課題について生徒同士でカンファランスができるようにすすめましょう。その際、グーグル・ドキュメントを使えば課題が解決したあとでもコメントが保存されますので、協働しつつ、リアルタイムで互いにフィードバックが得られるので最適な方法となります。生徒たちが取り組んでいる間も生徒にかかわり続けましょう。まずは、文章を見直す際には達成目標にある言葉を使うことを奨励します。また、クラスメイト(11)が前進を続けられるように、肯定的なフィードバックと批判的なフィードバックを提供してサポートします。

❏徐々に、匿名のフィードバックはできるだけ使わないように指導しましょう。教師であるあなたのフィードバックが匿名でないのに、生徒がいつも匿名のフィードバックをするというのは自然なことではありません。自分の言いたいことを伝えながらも、「意地悪」だと思われない言い方ができるように教えていくことをねらいとします。末尾に自分の名前を書きたいと思えないようなことを、フィードバックすべきではありません。

❏意識してはっきりさせるための質問をするように指導しましょう。それはあいまいな領域に光を当てる最適な方法ですし、ピア・フィードバックのプロセスにとっては重要なことです。どんな教科・領域でも使えます。たとえば、クラスメイトが代数の方程式を解くのに正しい手順を踏んだかどうかを確かめるときに使えますし、社会科で出された資料に基づく質問(12)のエッセイを準備する間、一次資料を完璧に分析したかどうかをチェックするときにも使えます。

---

(11)　これを可能にするとてもいい方法があります。五一ページのQRコードで紹介している方法です。これこそが、肯定的なフィードバックを含めてクリティカルなフィードバックを提供するための方法です。そもそも、この方法の原語は「critical friend」です。日本でも、小学校中学年以上なら使えることがすでに証明されています。

(12)　(Document-based questions:DBQ) 生徒が、自分の知識といくつかの提供されたソースからのサポートを組み合わせて作成するエッセイまたは一連の短い回答への質問です。通常、歴史のテストで使用されています。翻訳協力者から、「『する』授業の文化を感じます。新指導要領の流れは追い風だと感じます」というコメントをもらいました。生徒が主体的に実践「する」ことを通して学ぶ授業といえます。

はっきりさせるための質問とはどのようなものなのか、生徒に示してください。授業中、生徒は質問する練習をして、混乱が生じた場合、具体的な質問をどのようにすればよいのかについて理解できるようにします。たとえば、論旨の明確さを評価する取り組みをしたとしましょう。その際、フィードバックをする役割の生徒が、ページに書かれていることをよく理解できなかったとします。

そのとき彼は、「『著者は政治システムに暴言を吐いているようです』と述べられていますが、それではあなたの言いたいことがよく分かりません。私が理解できるように説明してくれませんか？」と質問することができます。このように、単純かつはっきりさせるための質問は、二人の生徒が考えを話し合って、空白を埋めるために取り組む機会を提供することになります。

また、フィッシュボウル[13]を行うことによって、はっきりさせるための質問をどのようにすればよいのかについて生徒に教えることができます。生徒にインタビューをして、質問し、その答えをメモし、主題を深く掘り下げるようにフォローアップの質問をするという流れをモデル化します。フィッシュボウルの活動の最中、適当な場面で止まって、気づいた点を観察者に共有してもらうこともできます。

❏グーグル・フォームで集めた生徒のフィードバックを使い、今後、生徒が自分のフィードバックが改善できるようになるミニ・レッスンをつくりだしてください。

**表5－5　ある教師による「イエス・ルーブリック」の説明**

| 期待以上 | 期待どおり | もう少し | 期待未満 |
| --- | --- | --- | --- |
| | | | |

❏特定のスキルや内容に精通した、生徒のエキスパート・グループをつくってください。クラスメイトの作品を見るときは、各グループが得意な領域に集中するようにしてください。エキスパート・グループは、定期的にメンバーを代えることもできますし、一年を通して同じメンバーでもいいです。いずれにしろ、各グループでスキルを高めていくことになります。第6章で、このエキスパート・グループについて詳しく検討します。

四段階の「イエス・ルーブリック」（**表5－5**）は、どの授業でも、生徒が思慮深く正確なフィードバックを確実に提供できるというシンプルで強力なツールです。それは、「期待以上」、「期待どおり」、「もう少し」、「期待未満」で構成されています。ある作品が目標達成のための基準をどれだけ満たしているのかについて評価しているとき、これさえあれば生徒はルーブリッ

（13）三四ページを参照してください。

クの専門用語に煩わされることはありません。項目となっている四つの段階から一つを選べばいいだけです。

「期待以上」は、期待を超える取り組みを意味します。「期待どおり」は一〇〇パーセント期待にこたえていること、「もう少し」はある程度期待にこたえていること、「期待未満」は期待にこたえられなかったことを意味します。「イエス・ルーブリック」のよいところは、シンプルであるとともに、利用しやすい言葉と形式になっているところです。(14) 七年生の国語を教えるある教師が、次のように説明してくれています。


フィードバックは成績に関連しないので、そのプロセスで生徒の取り組みを数値化しなくても、より良いものに改善することができます。そして、フィードバックの与え手と受け手は同じように恩恵を得ることができます。

生徒自身が課題としていることを扱うエキスパート・グループに、あえて生徒を配置してみてください。そうすれば、ほかのクラスメイトの取り組みからどこに問題があるのかが分かるようになりますし、その気づきと学んだことを、自分の取り組みにおいて使いこなせるようになります。

## ピア・フィードバックの助けとなるクラスづくりをする

教室の環境は、生徒の年齢や習熟度、教える内容、学級規模などによって異なります。とくに大規模なクラスでは、どの生徒もついてこられるようにするため、ピア・フィードバックを導入するプロセスにおいて修正や追加といった手順が必要となります。一方、小さなクラスでは、授業時間内にエキスパートのペアやグループすべてを回るだけの時間を教師はとることができるので、フィードバックにとっては理想的といえます。

だからといって、大規模なクラスではピア・フィードバックを重視することが不可能だということではありません。私が今教えているAP文学のクラスは、最大で三四人の規模となっています。みんな同じ年齢ですが、習熟レベルの違いは大きいです。生徒たちについて私はよく知っていますので、クラスの活動を支援し、有意義な方法で生徒をグループ分けし、授業の内外で連絡(15)

(14)　翻訳協力者から、「この表、面白いです！　ルーブリックについてまた教えてもらいました。グーグル・クラスルームにもルーブリックがついていますが、あくまでも教師が作成して点数化するシステムです。そうではなく、自分たちでルーブリックをつくって学習していくこと自体が学習になっているところが興味深い！」というコメントをもらいました。「学習としてのアセスメント」のように、生徒が主体となって、自己評価や相互評価を行うだけでなく、評価ツールも考えていくことが深い学びにつながります。

(15)　**表2-1-1**（三〇ページ）の注（1）を参照してください。

するためにICTを使っています。

次に、あなたのクラスの具体的なニーズに基づいて考慮すべき修正点を示します。

❏大きなクラスは、小さめの、教師が対応可能な人数のグループに分割してください。生徒の年齢や習熟度にあわせて、最初は自分たちでグループをつくり、必要に応じて調整してください。フィードバックを提供するとき、グループが大きいほど生産性が低下しますので、グループは五人を超えないようにしてください。同じ課題をもつ生徒が五人以上いたら、そのスキルについて取り組むグループを複数つくってもかまいません。

❏生徒がピア・フィードバックに熱中しているときは、教室の様子を変えてください。グループは並んで座らず、丸くなったりテーブルを囲んだりして座り、容易に語りあえるようにして、互いに協力できるようにします。

❏必要に応じて、生徒が教室を歩き回れるようにしてください。似たようなことに取り組んでいる別の生徒やグループと、時々カンファランスが必要になるかもしれません。必要なものが手に入るように、生徒に対して自由を与えてください。

❏もし、教室に二人の教師がいるという贅沢が許されているのでしたら、うるさくてたまらないといった状態にならないように、教室を別々の空間に分けることを検討してください（おそらく、ワークショップの日にそうなるかもしれません。第6章のワークショップのモデルを参照してください)。

一部の生徒にとっては、大きすぎる騒音は苦しく、気が散る原因となります。この生徒たちを別の場所に移せなかったら、彼らに防音装置を使わせることを検討してください。一人で作業するときに使うヘッドフォンのようなものです。時々、私は、生徒を床や廊下に座らせて、広がって作業ができるようにしていました。

スペースと生徒のニーズを考え、さらにデータを集めて生徒の進捗状況を把握するとなると、それに応じて授業が調整できる簡単な方法が必要になります。グーグル・フォームやそのほかの似たようなツールを使用すると、生徒の声を聞きながらデータが集められますし、生徒に対して参加と協力を求めることができます。

すべての生徒が、今どの段階にいて、どこを目指すべきか、そしてその段階に達するために必要な手立てを確認するもう一つの方法は、目標設定と振り返りを実施することです。深く学ぶことができる生徒は自分の現在地を知っており、それを教師に伝えられますので、私たちはそれに応じた調整が可能になります。

生徒が自分の学習に責任を負うといっても、教師は観察と生徒のフィードバックに基づいて生徒の進捗状況を把握し、必要に応じて指導とプロジェクト学習[16]の時間を調整するといった責任から逃れられるわけではありません。[17]

生徒自身が、あなたにも分かるように学習の進捗状況がたどれるようになると、あなたはデータを保管するための負担を軽減することができます。第６章では、エキスパート・グループの生徒がどのようにして自らをコントロールできるようになるのかについて検討していきます。

## 振り返りのための問い

❶あなたのクラスでは、現在誰が「目標達成のための基準」を決め、その基準をどのように生徒と共有していますか？

❷どのようにして、フィードバックを目標達成のための基準と一致させていますか？　いつ、あなたはフィードバックを提供していますか？　もし現在、学習の終わりにほとんどのフィードバックを与えているのなら、すべての生徒が学習過程でフィードバックを確実に受け取れるようにするためには、授業の流れをどのように変更すればよいでしょうか？

❸あなたのクラスの現状から考えて、ピア・フィードバックをしあえるようにするためには、どのようにトレーニングをはじめるのが最適でしょうか？

❹あなたの教室でピア・フィードバックをうまく導入し、授業の一部にするにあたって、潜在的なハードルをどのように予見し、それに対して備えることはできますか？

---

(16)　現実社会でかかわる真正で複雑な疑問や問題に対して、一定の時間をかけて取り組み探究をしていくことで、知識やスキルを習得し課題を発見し解決していく学習方法を指します。『プロジェクト学習とは』と『ＰＢＬ――学びの可能性をひらく授業づくり』がおすすめです。

(17)　翻訳協力者から、「放牧して終わりではないということが分からない人もいるでしょう。そんな人には、『イン・ザ・ミドル』と『一人ひとりをいかす評価』を熟読してもらわないといけないです」というコメントをもらいました。学びを育てる教師の役割の深さが伝わってきます。

# パート3

# ピア・フィードバックの基本

# 第6章 エキスパート・グループの育成と維持

たくさんの学習内容やスキルを一度に習得するというのは、生徒からすれば大変な挑戦となります。とくに、協働して学ぶ場合には、特定のスキルや学習内容を習得するほうがはるかに扱いやすいものです。このような事実が「エキスパート・グループ」の基盤となります。つまり、特定の応用可能なスキルのセットをよく理解している生徒のグループがほかの生徒に教えるということです。

このような考え方は、決して新しいものではありません。たとえば、ジグソー法では、生徒が分担して違う内容について学び、そのエキスパートになったあとにホームグループに戻って、それぞれが学んだ内容を共有していますが、これは本章で紹介するエキスパート・グループの取り組みと同じ概念が使用されています[1]。ジグソー法との違いは、エキスパート・グループはより広い範囲について学び、一定期間の授業において、継続してその役割を果たすという点です[2]。

エキスパート・グループは、ワークショップのモデル（リーディング・ワークショップやライティング・ワークショップなど）を中心に構成されています。現時点では読み書きでの実践が多いのですが、一〇年ほど前から他教科へも普及しはじめています。[3]

ワークショップは、まず一〇～一五分のクラス全体のミニ・レッスンからはじまります。ミニ・レッスンでは、教師が通常授業の短縮版を行い、そのワークショップで生徒が取り組む大筋の内容を説明します。その後、約三〇分間、生徒は個々に、もしくはペアで、または少人数のグループで、必要に応じて教師と相談しながら「書いたり」、「読んだり」、「探究したり」、「問題解決をしたり」といった作業に取り組みます。

授業の最後にはクラス全体に戻り、生徒が何を達成したのかを確認し、学習内容をまとめ、理解度を確認する短い共有（振り返り）セッションを行います。ワークショップの期間は通常二～三日ですが、プロジェクトや学習している内容によって異なります。

生徒一人ひとりの成長と、お互いへの貢献を最大限に高め、またエキスパート・グループが教室の中で欠かせない存在になっていくために、一年間でエキスパート・グループをどのように成長させ、組織し、維持していくかについて考えておく必要があります。

この章では、エキスパート・グループをつくるプロセス、生徒がエキスパート・グループの一員になるための準備方法、教室の環境や教師の役割を決めていくプロセス、課題に対処するための方法、そして一年を通して効果的なピア・フィードバックを持続させていく方法について説明していきます。

## グループの設定

新しい年度がはじまり、最初の二か月ほどで生徒の得意分野と弱点について把握できるようになったら、エキスパート・グループをつくるタイミングだといえます。教師にとっての最初の作業は、課題、プロジェクト、ワークショップにおいて生徒一人ひとりの様子をよく見極め、それぞれに必要とされる具体的なスキルや知識の内容を把握することです。

---

(1)　翻訳協力者から「できない子、理解の浅い子、コミュニケーションが苦手な子、聞き取りや書き取りが苦手な子にはジグソーは意外と負担が大きいです」というコメントをもらいました。これは、ジグソー法にかぎらず、協同学習（グループワーク）的なもので多く見られる傾向でもあります。その点、このエキスパート・グループの取り組みは、協働的に取り組むことでどのレベルの生徒にも学びが大きいという特徴があります。

(2)　第4章の最後で新聞の授業における生徒たちの役割について紹介されているように、編集担当（デスク）役の生徒たちは、年間を通して記者役の生徒たちの原稿をチェックしてフィードバックの提供を続けます。

(3)　日本でも小中学校の教師を中心に『作家の時間』、『読書家の時間』、『社会科ワークショップ』がすでに出版されており、現在『数学者の時間』と『科学者の時間』を準備中です。

まずは、ワークショップ中に、生徒一人ひとりについてていねいに把握する必要があります。そのうえで、必要なスキルや知識の内容に応じて、そのスキルや知識をどのように伸ばすことができるのかを考え、そこから逆向きに個別の計画を立てます。次に、少人数のグループで取り組むのに適したスキルや内容をまとめて分割します。

たとえば、理科の授業におけるエキスパート・グループは、科学的方法の異なるステップについて取り組むかもしれません。一方、社会科の授業のエキスパート・グループは、文献に基づいた問いに答える小論文を書くために、異なる一次資料を調べていくことになるかもしれません。

一グループの人数は管理しやすいように五人以下にしましょう。重点を置きたいスキルであれば、少人数制のクラスの場合、三人または四人が望ましいかもしれません。各グループのメンバーを決定する際には、グループ内の関係性などを考慮し、それぞれの長所と短所を考慮して生徒を選択するようにしましょう。

エキスパート・グループでは、生徒同士が協働して取り組んでいくことになりますので、グループのなかにさまざまな生徒が混ざることを意識しましょう。

たとえば、あるスキルにおいて、すでに高いレベルの能力を発揮している生徒、いつも努力をして積極的に取り組みながら質問をする生徒、管理能力が高い生徒、クラスメイトとの関係性をつくるのが上手でグループのリーダーに従う生徒などを、グループのなかに一人ずつ入れます。

このようにすれば、特定のスキルに関して弱い生徒が理解力の高いグループメンバーから学ぶことができます。

以下は、一二年生の国語の授業において、ライティング・ワークショップのために私がエキスパート・グループに送ったメールの例です。生徒たちは、自分で本を選び、その著者がどのような工夫をしているのかについて理解していることを示すため、文学分析論文の作成に取り組もうとしていました。

今回は、それぞれ違ったフィードバックのためのエキスパート・グループをつくって取り組みますので、それを紹介します。(4)

① **「導入」を扱うグループ**——このグループは、タイトル（論文の内容と一致しているか）と導入の段落に焦点を当て、読者を惹きつける文脈を考えるためのアイディアを見つけていきます。ここで言う「文脈」とは、読者が論文の内容とつながりをもてるような一般的

---

(4)　翻訳協力者から「ここの八つのグループの内容は、国語に限定せずに身につけたり使ったりしてほしい内容です」というコメントをもらいました。本書では、国語での実践例が多く紹介されていますが、扱われているスキルは教科横断的なものが多いです。国語にかぎらず、取り組みが広がっていくことを願っています。

なものです。そして、主張する内容は、文脈のなかから現れてくる必要があります。読者に残りの部分に入っていってもらうための、より具体的な道筋を示すものでなければなりません。

また、アイディアが提示される順序にも注目してください。導入の段落では、主張を述べるためのロードマップ（全体像）を示します。そこで示した順序が、実際に論文を書き進めていくときの順番となります。最後に、導入部のどこかで、詩人と詩のタイトルを記載しておくようにしましょう。

②「**移行とつながり**」**を扱うグループ**――このグループは、筆者がどのようにアイディア同士を結び付け、一つのアイディアから次のアイディアへと違和感なく移行させていくのかを調べます。洗練された移行の場合、前の段落で伏線が張られており、それぞれの段落はトピック・センテンスではじまっています。

③「**構成**」**を扱うグループ**――このグループは、展開されているアイディアが導入部分で述べられた内容に沿っているかどうかに焦点を当てます。論文の構成は意味のあるものになっているでしょうか？　アイディアと議論の順序、流れ、そして序列に注目しましょう。論文の最後に、いきなり突拍子もない記述が出てくることがないようにしましょう。

④「**分析**」**を扱うグループ**――このグループは、筆者がどれだけ深く文章の意味を伝えてい

るのかについて扱います。というのも、それぞれの段落や分析の一つ一つは、筆者の主張に結びつけられている必要があるからです。一つ一つの分析は、筆者が伝えようとしている全体的な主張をどのようにサポートしていますか？　分析の深さは？　うわべだけの議論となるような内容について述べることはやめましょう。それぞれの分析が意味をもつ必要があります。

⑤**「文章の裏付け／証拠」を扱うグループ**――このグループは、筆者が分析について、文献からの証拠を用いてどれだけうまく裏付けているかを調べます。分析されている内容を裏付けるために、もっとも適した箇所の引用をしているでしょうか？　それはうまく機能しているでしょうか？　それとも、わずかな関連性を提供しているだけにすぎないでしょうか？　また、文献からの証拠は、ＭＬＡスタイル(5)で適切に引用されているでしょうか？

⑥**「口調／トーン」を扱うグループ**――このグループの最初の課題は、論文がアカデミックな書き方で書かれているかどうかを確認することです。つまり、三人称で客観的に書かれているかどうかということです。一人称や二人称で書いてしまうのは問題外です。次に、

(5)「Modern Language Association」の略です。人文系の論文で非常に多く使用されるエッセイフォーマットで、ＭＬＡの参考文献の表示は、ほかの文献表示のシステムに比べてシンプルであるとされています。具体的には、引用した文献は論文末尾に掲載される「引用文献一覧」に記載するという方式がとられています。

トーン（全体から感じられる気分・調子）や言葉の選択が洗練されているかどうかについて確認します。筆者が特定の単語を繰り返していることに気づいたら、それを指摘して、意識できるようにしてください。

⑦**「文章の多様性」を扱うグループ**――このグループは、さまざまな文章や言い回しを書き手が書き換えて、文章の流れをより良くしたり、より読みやすくしていきます。文章を面白く洗練されたものにするために、さまざまな形ではじまる短文、中文、長文を使い回すための練習をする必要があります。

⑧**「結論」を扱うグループ**――このグループは結論に焦点を当てます。結論は、論文全体の内容を要約したものではありません。また、「結論として」や「まとめとして」のような言葉ではじまったり、単に導入部の段落を再掲するだけではいけません。論文全体を砂時計のようなものだと考えてください。論文は、最初は広くはじまり、本文の詳細について述べていく過程では狭まっていき、最後の結論で再び広くなるからです。つまり、結論には、論文に書かれたメッセージについて、読み手に引き続き考えてもらえるといった余地が必要なのです。

最初の数回、グループで集まるときには十分な時間を確保して、グループ内の相性を観察し、必要に応じて構成メンバーの調整などができるようにしましょう。たとえば、あるグループの生徒がおしゃべりをしすぎていたり、グループ内の人間関係が原因で一緒に作業するのが難しい状況になっているとよい取り組みができません。そのようなときは、ほかのグループのメンバーと単純に交代するだけで問題が解決するかもしれません。とはいえ、よい取り組みをしていなかったから交代した、と生徒に伝えてはいけません。生徒には、「別のグループに行ってもらうことで、より貢献できると思ったから」と伝えます。

グループの調整を少しするとはいえ、細部まで気にしすぎて、生徒のすべてを管理するのはやめましょう。たとえば、グループのなかの役割や係を割り当てることはおすすめできません。その代わり、生徒たちがそれぞれの役割や責任を自ら決められるようにします。

## 生徒たちがエキスパートになるための準備

グループを設定し、メンバーを調整したら、生徒たちは各分野のエキスパートになるための準備を開始します。まず、あなたが生徒たちにどのようなことを期待しているのかを自ら実践して示す必要があります。具体的には、生徒たちがエキスパートとなるべき分野のスキルや、よいフィードバックの提供の仕方、そして自分たちが検討する課題の特徴などを示していきます。

次は、生徒たちがフィードバックを与える準備ができていることを確認する方法について説明します。これは、生徒の年齢やレベルに応じて異なります。一つの方法は、小グループを個別に直接指導することです。

エキスパート・グループはワークショップのモデルを使用しているため、ワークショップのミニ・レッスンのときに直接指導することができます。また、ワークショップをいくつかの時間に区切ることで、毎回のワークショップにおいて複数グループへの指導ができます。そのときの指導では、簡潔に具体的な例を示して、生徒がグループの時間をどのように使うべきかに関して、あなたが期待していることを生徒が理解できるようにします。(6)

最初に生徒たちは、学習するスキルや内容について自分自身の弱点を認識する必要があります。それを踏まえると、自分の作品やクラスメイトの作品にどのようなことが求められているのかについて理解できるからです。

生徒が習熟しようと取り組んでいる、特定の分野に関する読みものや研究論文などを提供するようにしましょう。そのとき、必要に応じて、一人ひとりの生徒をいかす教材を用意しましょう。たとえば、同じことについて説明されていますが、異なる形で書かれている資料などです。

私自身のライティング・ワークショップでは、それぞれのエキスパート・グループの役割についての簡単な説明を生徒にわたすだけでなく、これらの特定の分野についてクラス全体でミニ・

レッスンを行いました。また、パデュー大学のＯＷＬ（Online Writing Lab）[7]の資料を提示して、具体的な質問をするようにと促しました。さらに、各グループが調整や準備をしている間、私はそれぞれのグループを個別に訪ね、自分たちが担当する論文のセクションについて復習する時間を与え、質問が出るたびそれに答えていきました。

それぞれの専門知識の強化が終わると、生徒たちは教室でオンラインや図書館で見つけた資料を協働して調べ、それぞれの専門分野でよくある間違いや問題を探すための知識が習得できるようになります。

エキスパート・グループがうまくいくためには、生徒たちがそれぞれの専門スキルや内容を理解[8]するだけでは十分とはいえません。うまくいくための不可欠な要素として、肯定的でクリティカルなフィードバックを与えるための方法を生徒たちが適切に理解していることがとても重要となります。

---

（6）このクラス全体を対象にしたミニ・レッスンと異なり、グループを対象に「教師がガイドする指導」について詳しくは、『「学びの責任」は誰にあるのか』の第3章で詳しく紹介されています。

（7）パデュー大学の「オンライン・ライティング・ラボ」にはライティングのためのリソースや教材があり、無料サービスとして提供されています。以下を参照してください。https://owl.purdue.edu/owl/purdue_owl.html

（8）四三ページの注（8）を参照ください。

生徒たちは、フィードバック自体が価値のあるものであることを認識して、フィードバックを提供するときには意図的かつ熟考した選択をする必要があります。そのためには、まずあなた自身が、フィードバックのための言語を模範として示していく必要があります。

生徒たちは、あなたが同じようなプロジェクトや課題で与えてきたフィードバックを調べます。それを参照すれば、ほかの生徒たちにフィードバックをするとき、関連性などについて明確に述べながら主張できるようになります。

以前、生徒たちに課した課題に対するあなたのフィードバックをたどれば、生徒たちは容易にフィードバックが参照できます。そのなかで生徒たちは、「Good job（よくできました）」や「This is good（ここはいいですね）」よりも効果的な、ポジティブなフィードバックについて理解を深めていきます。たとえば、「ここのしっかりとした仮説が、これまで学んできたルールに当てはまっています」とか「ここの主張文は、テーマと著者がとくに工夫してきた部分の関連について明確に述べています」などのように、具体的に述べられたフィードバックです。

また、将来生徒が使いこなせるように、あなたがよく用いるフィードバックの書き方を提示したり、集めたりして、生徒と共有するというのもよいでしょう。低学年の生徒には、文法的な間違いについての指摘など、よくある間違いに対するフィードバックのサンプルを与えてもよいでしょう。

いかなるテーマであったとしても、そこで起こりうる問題や状況をすべて予想することはできません。そのため、生徒たちが集中力を維持し、何についてフィードバックを与えようとしているのかを理解し、質の高いフィードバックが継続して提供できるように、エキスパート・グループとしてだけではなく個々の学習者としてあなたが支え、伴走を続けることが不可欠となります。つまり、生徒たちが何をすべきかについて理解するまでは、ワークショップの日々のなかで、教師は存在感を示し続ける必要があるということです。また、生徒たちがしていることに自信がもてるようになるまで、最初のうちは多くの質問に答える必要があります。いずれにしても、忍耐強く生徒たちを支えましょう。

最後に、事前の準備に時間をかけすぎないことです。準備の整う前に何人かの生徒が活動に参加することになるでしょうが、遅くなるよりも早くはじめたほうがよいでしょう。問題が発生する前に計画を立てて解決しようとするよりも、その場で学び、対応していくほうが実際にはうまくいく場合が多いものです。

たしかに、問題は発生します。しかし、それは必ずしも悪いことばかりではありません。起こってしまったトラブルに対応していくことも、エキスパート・グループがうまくいくためには重要な行為となります。起こった問題や対立を生徒がグループで解決することは、問題解決能力を高めるだけでなく、グループの相性を試す際にも役立ちます。

## 教室の環境を整え、あなた自身の役割を決定づける

エキスパート・グループは、教室での学習活動を根本的に変えることになります。エキスパート・グループを使いはじめる準備ができたら、生徒の成長や創作活動をより促進しようと教室環境を整えたくなるはずです。たとえば、教室内のモノの配置、どのようなツールや資料を提供するかによって、生徒たちの活動は左右されます。

次の質問に答えてみてください。

・教室内はどのような配置になっていますか？
・生徒はどのような座り方をしていますか？
・どのようなＩＣＴ環境が必要になるでしょうか？
・生徒がワークショップに参加している間、教師は何をすればよいのでしょうか？

生徒自身が多くのことを担ってくれるので、あなたは教師主導の教室では難しかった役割をこなすだけの時間を手に入れるでしょう。あなたの最初の重要な役割は、クラスを観察し、何が起こっているのかについてデータを収集することです。グループがどのような会話をしているのか、

何について話をしているのか、一緒に課題に取り組んでいるのか、それともバラバラに別々の課題に取り組んでいるのかなどについて注意深く観察しましょう。

グループが苦戦しているように見える場合は、問題が発生するたびに、それに対する優先順位を生徒が付けられるように、あなた自身にできることがないかどうかを確認します。積極的に参加している生徒、そうでない生徒を把握して、適切に声かけができるようにしましょう。

そのために絶対必要なツールはありません。クリップボードや事前に準備した生徒名が書かれている手帳、またはノートで十分です。そこからデータを検証して、授業の流れやアプローチに必要な変更を判断します。これらのデータは、各エキスパート・グループの特定のニーズにあわせて小さいグループで指導したり、調整するときにも役立ちます。

小グループにおいててていねいな指導をする必要があると判断したときには、必要なスキルが身についていない生徒を支援したり、『ようこそ、一人ひとりをいかす教室』（二〇九ページと『「学びの責任」は誰にあるのか』を参照・訳者補記）で紹介されている方法を使ったりすることもできます。少人数であれば、一人ひとりの生徒のニーズに沿った指導がより可能となります。さらに、生徒と一緒に課題となっていることに取り組むための時間が得られます。

少人数での指導の時間は、そのときの状況にあわせて短くても長くてもかまいません。少人数での指導で得られたデータを使って、必要に応じてエキスパート・グループや生徒に与える課題の調整ができます。特定のグループにアプローチをしたあとは、忘れてしまわないうちに観察して気づいたことを振り返り、記録するといった時間を必ず設けるようにしましょう。

なかには、一対一の時間をより多く必要とする生徒もいます。教室での学習における自分自身の取り組み、グループ内の問題、課題に関する特定の問題について相談する場合でも、じっくりと一人ひとりに向きあうことになる「一対一の時間」は、短いながらも生徒の成長のためには非常に貴重なものとなります。

## 問題に対処する

このような取り組みをしていくわけですが、やはり問題は必ず起こります。ある一一年生が次のように指摘しました。

「相互に編集することの問題点は、相手が自分の言っていることについて、本当の意味を理解していないということです。ピア・フィードバックが役に立たないときは先生に助けを求めます」

別の一一年生は、次のように述べています。

「時々、本当に努力をしない生徒がいて、作品をちゃんと読んでくれないことがあります。そのようなときは、クラスメイトからもらうフィードバックは頼りになりません」

これらの不満はどちらも一般的なものですから、簡単に解決することができます。というのは、あなたはエキスパート・グループで起こっていることを常に観察していますし、少人数のグループもしくは個々の生徒と定期的に話をしているはずですから、問題が起こりそうなところを素早く見つけ、よくある間違いや不十分なフィードバックを修正するための機会がもてるからです。生徒が本当に行き詰まった場合、あなたはいつでもエキスパート・グループの手助けができるのです。

ここで、一つの問題を解決した事例を紹介します。その年度は、文学のエッセイに取り組んでいました。そのとき、「構成」のスキルについて取り組む、五人組の二つのエキスパート・グループをつくる必要がありました。クラスの人数がかなり多く、生徒たちの間にはスキルの差がかなり見られました。何人かの生徒はすぐに自分のすべきことを理解しましたが、残りの生徒はどのようなフィードバックを提供すべきか分からずにもがいていました。

ある日、機能していないエキスパート・グループのメンバーの一人がその実情を私に伝えるために来たので、彼らが抱えている問題について徹底的に話し合おうと、私はそのグループのメンバーと短いランチ・ミーティングを設定しました。そうすると、「構成」に関してフィードバックをするための方法をほかの生徒たちが知らないといったことが問題になっていると分かりました。そこで、一人の生徒の論文を一緒に見ながら、私は生徒たちにいくつかの指針となる質問をしました。

・まず、導入の段落を見てみましょう。書き手は何を明らかにしようとしていますか？　また、そのためにどんな手段を用いていますか？
・導入時において、書き手はどのような順序でこれらのアイディアを述べていますか？
・この順序は、書き手が主張しようとしていることを証明するのに役立っていますか？
・もし、意味がある順序で証明するようになっているのなら、各段落に目を通しましょう。書き手が導入時に述べたすべてのポイントについて、各段落できちんと述べられていたかどうかを確認してください。
・言及されていた文学的な工夫の一つ一つに関する段落はありますか？　導入時において挙げられた順番どおりに、それらの工夫についての議論は展開されていますか？　もしそうであれば、段落が読者の想定していたとおりに進んでいることについて肯定的なフィードバックを与えるとよいでしょう。逆に、もしそうでない場合は、述べられている論点の一部が順序から外れていることや、ある段落が別の段落の前後にあったほうがよい点などを指摘するとよいでしょう。

　このグループがフィードバックしようとしていた論文は四～五ページ程度の長さでしたが、生徒たちは明らかに熟読していませんでした。数分間一緒に取り組んだことで、私は単純に、彼らがもっとペースを落として、注意深く読んでいく必要があることに気づきました。

　そして私は、彼らのエキスパート・グループを意図的にもっとも多い人数のグループに設定したと伝えました。つまり、ほかのグループの生徒たちよりも数少ない論文に集中して、フィードバックする量に圧倒されることなく、よく考え抜いた適切なフィードバックが与えられるようにした、と伝えたわけです。

　書き手側の論文が未完成であったり、十分に吟味されていなかったことが理由で提案できない場合があります。そのようなときには、書き手にブレインストーミングをしてもらったあとに、自分の考えをより良く整理するためのアウトラインを作成するようにと提案するのもよいかもしれない、と伝えました。

　最初のミーティングが終わったあと、数日後のワークショップで再びミーティングを設定しました。そこで、グループのメンバー全員が自分の力を発揮できているかどうかを確認しました。さらに、ほかのグループの生徒たちの様子も確認し、グーグル・ドキュメントで生徒たちの論文を見て、誰からコメントが寄せられているのかどうかも確認しました。

　そこで私は、本当に時間をかけていた生徒が誰で、どの生徒がまったく何もしていなかったのかを確かめました。そして、必要な生徒と個別のミーティングを行い、生徒が十分に取り組めていない問題について話し合いました。一対一のやり取りだったからこそ、私たちは率直に話し合えましたし、実行可能な計画を立てて、責任をもって取り組めるようにサポートすることができたのです。[9]

生徒がフィードバックを提供する真の目的（それはもちろん、クラスメイトを助けることです）を理解しているかどうかを確認することは、意地悪なフィードバックや不必要に否定的なフィードバックを防ぐためにも重要です。すべての生徒の作品がフィードバックをされる対象になっているため、たいていの場合、お互いに傷つきやすいものだと理解しています。それゆえ、フィードバックを書いた生徒にあなたが直接アプローチできるように、コメントに関することを生徒がすぐに報告できるような仕組みがあるとよいでしょう。

最初の二回のワークショップの間は、すべての生徒のフィードバックを読むことをおすすめします。エキスパート・グループという方法を使用する初期の段階において注意を払えば、大火事（問題）になる前に火を消すことが可能となります。また、先を見越したあなたのアプローチがあれば、度を超えた否定的なコメントは抑えられます。

とくに参考にならないフィードバックを受け取ったときは、あなたに「報告するように」と伝えるのもよいでしょう。通常、そのようなフィードバックの特徴は、攻撃的なものというよりは、表面的であったり、的外れであったり、訂正に役立たなかったりするものです。私は、ほとんどの生徒が、効果のないフィードバックをすぐに報告してくれることに気づきました。(10)

## エキスパート・グループに対する生徒の感想

ここまで、エキスパート・グループの設定やどのように実施するのかについて探ってきましたが、次はそれに関する生徒の意見を見てみましょう。ＡＰ文学と作文の授業を受講していた一二年生が、エキスパート・グループでの取り組みによって学習経験をどのように変容させたのかについて述べています。

(9)　翻訳協力者（個別ミーティングを実際にやってみた教師）から「二クラスの個別ミーティングをやってみました。十分に取り組めていない生徒は、それなりに自覚しているように感じました。一対一というのはとても意味があります。一時間で七～一〇人ほど行いました」というコメントをもらいました。みなさんも参考にしてみてください。

(10)　翻訳協力者から「この『とくに参考にならないフィードバック』、『誤ったフィードバック』にどうやって向きあうかが重要そう」というコメントをもらいました。参考にしてください。

エキスパート・グループに参加して、学習環境を向上させ、個々のスキルや強みを最大限発揮できるような役割分担をするために、メンバーがそれぞれの個性や強みをいかせるようにすることを私は学びました。

普段、私は自分の考えを紙に書き留めるのみです。しかし、グループのなかにいることで、そのような癖を克服し、読み手として、話し手として、そして書き手として成長することができました。

グループのなかにいることは、人間関係における一種の「ケーススタディー（事例研究）」のような役割を果たします。そこで私は、自分のものではない考え方に対して忍耐力と寛容さを養いました。

グループで私は、自分にとってのコンフォート・ゾーン[11]の外に何度も連れだされ、慣れない役割を務めることになりました。通常であれば避けていた役割を引き受けるというのは、間違いなく私にとってはチャレンジでした。しかし、このチャレンジは私の文章を前進させるきっかけになりました。

私は、一つの考え方に固執するのではなく、文章をさまざまな側面から取り上げ、自分の主張を述べれるようになったことに気づきました。人によって異なる視点があるので、この多様性と複雑さを自分の文章のなかに取り入れていきたいと思っています。

また、特定の課題を完成させるためには、さまざまなアプローチを取る必要があることについてより理解できるようになりました。ほかの人々の考え方や視点を理解することは自分自身の理解にもつながりましたし、自分自身の考え方ややり方に疑問をもつこともできるようになりました。

さらに、特定のグループに自らを適応させながら、そのなかでどのような作品を生みだすことができるのか、どのようなことが自分たちの限界を超えているのか、何を私たちは生みだそうとしているのか、役割の変更は必要なのか、といったことに対する感覚もつかめるようになりました。

普段、あまり強引なことが好きではないので、私はできるかぎり親切で穏やかな方法でフィードバックをするようにしています。しかし、時には、課題を完成させることに興味がない仲間がいると認識する場合もあります。そのとき私は、主張やフィードバックを強くするようにしています。とはいえ、ほとんどの場合は誰もが熱心に参加している協働的な環境なので、議論が盛りあがるような提案をしています。

（バーバラ・カソメナキス）

(11)　安心感があり、居心地がよいと感じる心理領域のことです。

## 今後の可能性
### ——年間を通じて効果的なピア・フィードバックを継続させるためには

ほかのあらゆる学習と同じように、エキスパート・グループは、生徒たちがより自分にとって意味のあるものと思えるように、またより役立つものだと感じられるように、時間をかけながら進化していく必要があります。最大限の学びを獲得するために、生徒たちは多くの練習と成長の機会を必要としています。

起こっている状況を把握し、どのような変更が必要かを判断するための一番よい方法は、継続的にデータ収集を行うことです。生徒もこのプロセスの一員となり、会話や振り返りを通してエキスパート・グループが健全であるかどうかについて一緒に話し合う必要があります。

振り返りは、異なるたくさんの方法で行えます。書くことが好きな生徒は、思慮深い文章で振り返りを書き留めます。一方、ほかのメディアが好きな生徒には、動画、スクリーンキャスト、ボクサー（Voxer）のようなツールを使った音声録音、またはスマートフォンのボイスメモで作成することを検討してもよいでしょう。

あなたと生徒がともに考えなければならない問いとして、次のようなものがあります。

・エキスパート・グループは本来の機能を果たしているのか？

・問題となっていることは何なのか？
・その問題に対して、どのように対処できるのか？(12)

次は、生徒がエキスパートとしてのスキルを磨き続けるための方法、ピア・フィードバックを継続するためにどのようなことを期待したらよいのか、またどのような素晴らしい実践があるのか、エキスパート・グループの切り替えのタイミングと方法、そしてエキスパート・グループとは別の、フィードバックの方法の取り入れ方について説明をしていきます。

## エキスパート・グループにおけるスキルのさらなる発展

クラス全体では最低限の重要なスキルと内容を学びますが、各生徒はエキスパート・グループや個人で取り組むなかで、それぞれの専門的なスキルを伸ばし続けていきます。クラスのなかでも、それ以外の場面でも、グループがより深く学習するための方法をグループ内に定着させるようにサポートすることができます。

(12)　これらの質問から分かるのは、ここでしていることは形成的評価そのものだということです。それが、生徒の学びと教師のサポートをさらにいいものにするための手段としてしっかり位置づけられています。

また、個々の生徒が、個人的に、あるいはグループ内で経験している問題のなかで、まだあまりうまくできないと思っていることに挑戦すれば、その新しい学びが生徒のエキスパートとしての新たな役割につながる場合もあります。編集長になるために学んでいるキム・カヒュン（四六〜四八ページ参照）は、新たな役割へとつながった自らの経験を次のように話しています。

---

編集長として私は、記者が書いた記事をすべて読み、一つ一つの文章が新聞の基準に沿っているかどうかを確認します。また、文法の修正をしたり、言葉や内容の流れをより分かりやすくするための提案をします。しかし、文法的に意味が通じなくなってしまう場合を除いて、記者である生徒の文章をあまり変えないようにしています。

ほとんどの場合は、新聞で使われるルールを意識しています。しかし、フィードバックをしているうちに、①その特定形式の文章で私自身が書いたことがない、②私がこれまでに一度もそんな文章に出合ったことがない、③私が疑問に思ったり考えたりしたことがない、などの理由で、よく分からない文章の「ルール」や「形式」があることに気づきました。見たことのない形式の文章に出合ったときは、サックシュタイン先生にそれが適切かどうかを尋ねるようにしています。

ある意味、私は生徒と先生の架け橋になっているような気がします。あるとき、クラスメイトから「見出しにハッシュタグを使っていいのか」という質問を受けました。この質問は、私がこれまで疑問に思ったことがないものでしたので、すぐに答えることができませんでした。

そこで私は、サックシュタイン先生に「ハッシュタグを見出しに使ってもいいのですか？」と質問しました。すると彼女は、「それがストーリーに関連していて、ストーリーの内容について述べているかぎりは大丈夫」と教えてくれました。私はそのクラスメイトのところに戻って、サックシュタイン先生が私に教えてくれたことを説明しました。(13)

私は、グーグル・ドキュメントやクラスメイトとの直接の対話を通じて、彼らが書いたものをより良くするための手助けをしています。時には、異なる文章の書き方を提案したり、引用文を正しい形式で引用するように促しながらコメントをつけています。その生徒が私のコメントを理解していない場合は、授業中に彼らが私に質問をします。そのとき、私は喜ん

(13)　翻訳協力者から「口頭でのフィードバックに慣れたほうがいいと思いますが、どうやら生徒たちは苦手そうです。フィードバックを受ける側が、自分がなんでそのように書いたのかを主張したり、フィードバックの意味を質問できるのかと、頭を悩ますようです。ピア・フィードバックには国民性の差があるのかもしれません」というコメントをもらいました。国民性の差なのか、それとも単純にそのような文化に慣れているだけなのか、興味深い指摘です。

で助けたり、説明をするようにしています。

時に私は、「強引な」提案をすることがあります。たとえば、学校には中学と高校があるのに、私のクラスには上級生（一一年生と一二年生）の記者しかいないため、生徒たちのインタビューは高校生のものから採用されることが多くなってしまいます。そのため、中学と高校に関連する記事、たとえば中学と高校が参加するスポーツナイトに関する記事の場合、記事そのものが学校全体を表していることを確認するために、私は記者に対して、中学生にもインタビューをするように、と依頼しています。

また、記事の裏づけとなる情報が十分でないと感じた場合は、追加の質問をするためのいくつかのアイディアを提示しています。

---

直接的な指導や生徒からの質問に答えることに加えて、エキスパート・グループが複数ある場合は、ほかの成績優秀なエキスパート・グループの解答を見せたり、他クラス・他学年の成績優秀なエキスパート・グループの模範解答を共有することで復習が可能となります。一年を通して、グループのレベルが上がっていくと、模範となる作品のレベルが上がり、生徒に期待することもより高度なものになります。

とはいえ、最初のうちは、フィードバックを与えることに苦戦している生徒と一緒に復習するため、あなたがあらかじめよくできているフィードバックを選んでおく必要があるでしょう。時間が経つにつれて、生徒同士がすぐれたフィードバックを見ながら、エキスパート・グループ内の苦戦しているメンバーと一緒に復習ができるようになります。

ワークショップの時間や小グループを対象とした指導の時間に、定期的に新しい模範となるフィードバックを見直すといった機会をもつことが大切です。そのなかで、フィードバックのプロセスを継続して明確化できるからです。

それぞれのエキスパート・グループが必要とすることは生徒たちが成長するにつれて変化していくため、この取り組みに対するフィードバックを生徒から継続的にもらうことが重要となります。定期的に生徒の意見を聞き、エキスパート・グループの取り組みが問題なく進むように調整しましょう。

エキスパート・グループの取り組みがうまくいかなくなる前に問題を修正することが大切です。生徒同士で交わされている、もしくは交わされていないことに関して、自由に正直に伝えられるようにグーグル・フォームを使いましょう。そうすれば、匿名でフィードバックを提出することができます。また、フィードバックでは、生徒たちに取り組みについて具体的に伝えてもらうように促しましょう。そうなれば、あなたは問題のある分野を特定して、必要に応じて変更が加えられるようになります。

次では、フィードバックに問題があることを確認したあとに取るべき簡単な手順を紹介していきます。

**ステップ①**――ワークショップの間、定期的に生徒を観察し、その場で質問に答えたり、困っていそうなことをサポートしながら、発生した問題や混乱した部分を記録します。質問があったり、改善が必要な部分に気づいたときには、いつでもそれに対処し、今後のためにメモをしておくようにします。

**ステップ②**――ステップ①で問題が解決しない場合は、問題を抱えているエキスパート・グループに対して、取り組みの手順とあなたが期待していることを確認するために小グループでのミーティングを設けて介入します。

**ステップ③**――ステップ②で問題が解決しない場合は、すぐにあなたの助けを必要としている生徒とカンファランスをするための時間を設けます。そのときには、もっとも助けを必要としている生徒を選んで、まずは時間を設けるようにしましょう。

**ステップ④**――より具体的な問題については、匿名のグーグル・フォームを使ってその問題に対処できるようにフィードバックを募りましょう。必要に応じて、関係する生徒やクラス全体を対象にします。

たとえば、あなたの担当する小学三年生のクラスが算数の式に取り組んでいて、エキスパート・グループが、それぞれ違った方法で問題を解くことに焦点を当てているとします。そして、そのとき、エキスパート・グループが取り組んでいる内容をまったく理解していない生徒がいたことにあなたが気づいたとします。そこであなたが最初にすべきことは、グループの別のメンバーに、問題の解き方を自分の言葉で説明してもらうことです。

それでも問題を抱えている生徒がまだ理解できない場合は、その生徒が学習内容をしっかりと理解できるようになるまで一対一で学習したり、別のエキスパート・グループに移動してもらって、ほかのグループでうまくいくかどうかを確認します。また、ほかのクラスメイトを招いて、問題となっている分野の指導を個別にしてもらうこともできます。

問題が解決したら、その様子が適宜確認できるように、苦戦している生徒とエキスパート・グループのほかのメンバーからフィードバックをもらいましょう。

## グループと個人のフィードバックに継続的な期待をする

ひとたびエキスパート・グループがクラスの文化の一部となったら、年間を通して定期的に柔軟な時間を提供する必要があります。ワークショップの時間は、クラス全員が同時に同じことに取り組むよりも、必要なときに必要なことができるように柔軟な設計が意図的にされています。

生徒は一人で作業する場合もあれば、パートナーと一緒に作業したり、エキスパート・グループで作業することもあります。授業やワークショップでプロジェクトに取り組んでいる間に、生徒自身の得意分野を徐々に伸ばしていきます。そうするうちに、特定の分野においてクラスメイトは必要に応じて助けを求められますし、困ったときに「頼れる人」といった評判が得られるようになります。

助けを求められることが評判のよい生徒ばかりに集中しないように、ほかにも助けてくれる生徒がいることを教えましょう。また、教師に質問をすることが習慣化しないように、私が小学校の教師から学んだ「ask three before me（教師に尋ねる前に三人に尋ねなさい）」という方法を試してみましょう。この方法は、課題や質問があるとき、あなたに助けを求める前に三人のクラスメイトに質問するようにと促すものです。このようにすれば、生徒は学習を自分のものにすることができますし、最終的にはあなたの助けを借りずに、目標としているところにたどり着けます。

クラスメイトの誰にどのような質問をしたのか、その回答やフィードバックはどのようなものであったのかを各生徒が記録しておけば、誰に助けを求めればいいのか（または、誰に助けを求めないほうがいいのか）も自然に分かるようになります。

また、生徒がクラスメイトに、「これを読んで、これでよいかどうか教えてくれますか？」と尋ねるようなことがあってはいけません。このような質問は、「別の時間に尋ねるように」と言いましょう。授業中にする質問は、簡単に指摘することができ、具体的なものであり、短い時間で答えられるものでなければなりません。たとえば、以下のような質問となります。

・私の仮説が研究プロジェクトの要件を満たしているかどうか自信がないので、フィードバックが必要です。
・このドキュメントベースの小論文(14)で述べている論拠は、私の主張を支えるための内容になっていますか？
・私の回答は、数学の方程式を解くための手順をすべて踏んでいるでしょうか？

念のために言いますが、フィードバックはすべて相互に行われるべきです。理想的には、一人の生徒が情報提供をするための取り組みをしている間に、もう一人の生徒が別のクラスメイトのために、フィードバックや情報提供をするために作品と向きあっているという状態が望ましいです。このバランスがうまくいっていない様子を発見したり、誰かから聞いたりした場合は、生徒と一対一で話をして、問題となっている点を確認しましょう。

(14)　一三九ページを参照してください。

特定の生徒がフィードバックのプロセスをいつもじゃましていたり、実質的なフィードバックを与えることが難しい場合は、ほかの役割を割り当てる必要があるかもしれません。たとえば、ほかの生徒の進捗状況を把握するという役割を与えたり、コンピューターの使用状況をモニターするといった役割を与えます。また、必要としているフィードバックが得られていない生徒に対しては、教師と相談する前に、前述した「教師に尋ねる前に三人のクラスメイトに質問する」という方法を使うように促しましょう。

## エキスパート・グループを交換して生徒のやる気を高める

「グループを変わるタイミングはいつですか?」と、生徒が尋ねることもあるでしょう。あなたが判断したときだけでなく、生徒自身の意志でグループを移動することがあります。そのタイミングは、あなたがフィードバックの手順をどのように確立していくかによって変わります。

生徒がグループを変わりたいと申し出た場合は、その理由やスキルのレベルに応じて変更を許可してもよいでしょう。特定のグループにおいて必要なことが得られない生徒や、別のグループに移動したほうがクラスのためになる場合は、生徒の移動は理にかなっているといえます。

また、生徒が別のスキルの領域において能力があることを発見したり、そのスキルを使ってほかの生徒を助けることに新たな喜びを感じる場合もあります。一方、生徒が一年を通して同じグループにとどまり、ほかのスキルを向上させながらも一つのスキルに特化して、自分自身のもつ能力を高めていくといった場合もありますので、クラスの状況を的確に判断してください。

なお、あなたには、大掛かりなグループ替えをするという選択肢もあります。個人的には、二つ以上のプロジェクトにおいて、生徒を同じグループにしておくことをおすすめします。とはいえ、新しい単元を導入するときや、新しい学期の初めにグループ替えをするというのであれば何ら問題はありません。

エキスパート・グループの導入をはじめるとき、グループから収集したデータに応じて、クラスが必要としていることやクラス全体のエネルギーを考慮しながら、小さなグループのほうが効果的かもしれないという場合がありますので、状況の判断が重要となります。

繰り返しになりますが、このプロセスでは振り返りが不可欠となります。エキスパート・グループの生徒たちには、到達目標に照らしあわせて、一人ひとりがどれくらい成長したのかについて考える機会を提供しましょう。そして、学年末までに、ポートフォリオを通して成長度合いについて説明できるようにします。

同時に、教師とほかの生徒からのフィードバックに基づいて、自らがどのように成長したのかについて説明できるようにならなければなりません。エキスパート・グループの生徒は、ほかの生徒のために行ったことだけでなく、それ自体が自らの成長にどのように役立ったのかについても継続的に振り返る必要があります。このように、取り組みの振り返りを明確にしていくことは、多くの時間を費やして得られた専門知識に関するレベルの高さの証明にもつながります。⑮

## ピア・フィードバックをより広い範囲で実施していく

ピア・フィードバックの価値は、エキスパート・グループでの取り組みだけにあるわけではありません。ピア・フィードバックは、学習プロセスのあらゆる面において不可欠であり、いかなる教科や学年でも使えます。

課題となるのが、スピーチであっても、科学的方法の実証であっても、最新の数学統計を発表する場合であっても、生徒をピア・フィードバックのプロセスに参加させれば教師という専門家の役割が強調されなくなります。

次は、ピア・フィードバックを取り入れる機会の例を示します。

- テストに備えて内容を復習したり、スキルの練習をすることは、ピア・リーダーが授業の主体となる絶好の機会です。彼らは、教室を回ってフィードバックを提供したり、生じた質問に答えることで教師を助けます。このアプローチは、算数・数学の授業においてとくに有効です。たとえば、異なる公式の使い方を学んだり、概念を把握するために複数のアプローチを理解しようとしているときなどがそれに当たります。問題を解く方法は、生徒によって得意とするものが異なります。視覚的な方法を得意とする生徒もいれば、頭の中やハンズオン・マス教材(16)を使った計算を好む生徒もいます。

■テストのあとは、振り返りやフィードバックをするためのよい機会となります。テストを通して、どこでうまくいかなかったのかを把握するために、ペアで振り返りの時間を設けるのもよいでしょう。得意分野や必要性に応じてペアを組めば、より具体的なフィードバックが可能になります。それだけでなく、テストの間違いをお互いに修正したり、再テストや別の評価方法で知識を示せる機会を提供すれば、さらに生徒の理解を深めることができます。

■理科の授業における実験のときでも、実験結果に基づいて生徒たちはフィードバックを提供しあうことができます。歴史における論文や英語（日本での国語）の場合のエッセイと同じく、理科の実験に関するレポート作成においても、決められた形式に則って正確に結果を記述するように求めます。

---

(15)　翻訳協力者から「この取り組みは新学習指導要領の流れに一致しています。学びに対して自覚ができることを実感しています」というコメントをもらいました。ピア・フィードバックの取り組みは、新学習指導要領で目指す「主体的・対話的で深い学び」と一致していますので、この取り組みを通して授業改善ができそうです。

(16)　学習者が操作することによって数学的概念を知覚できるように設計されたブロックなどのツールです。

◪言語の授業も、定期的なフィードバックを必要とします。このときは、英語を母国語としない生徒に、教師の助けとなるヘルパーの役割を担ってもらう絶好の機会となります。たとえば、スペイン語の授業では、英語を母国語としていない生徒が英語を母国語としている生徒から聞き取り、彼らへ口頭と書面でフィードバックを提供すれば、アクセントや流暢さ、さらには作文能力の上達を助けることになります。

## 振り返りをすることとスキルを発展させること

いくら教師が気を配っていても、すべてに目が届くわけではありません。教室で起こっていることの一部を見逃してしまうといった場合がよくあります。このようなときにこそ、生徒の振り返りが役立ちます。成長を必要としているところを特定して、継続的な改善を必要としているところを振り返る役割を生徒に譲りわたしましょう。[17]

また、従来の授業において出口チケットとして行ってきた振り返りを、今日達成できたこと、取り組む機会があった具体的なスキル、そしてそれらのスキルを今後どのようにいかせるのかについて考える時間に変えましょう。

授業中に振り返りの時間を設ければ、あなたがプロセスをどれほど大切にしているのかを生徒に示せますし、生徒が新たに学んだ内容を受け入れ、自分のものにすることを可能にします。振り返りを奨励することで生徒は、自らの強み、必要としていること、まだ成長できるところ、エキスパート・グループや編集担当として取り組むうえにおいて役立つスキルなどを具体的に見極められるようになります。

さらに、ほかの人が助けを必要としていると特定することも、生徒同士が互いにどこで苦戦しているのかを確認するために役立ちます。ほかの生徒の作品における矛盾点や問題点は、誰しもすぐに発見できるものですから、そこで得られた気づきを自分の学習に応用することが可能となります。

学びのつながりを生徒が認識できるように、振り返りを活用した支援方法についていくつか紹介していきます。

■フィードバックのプロセスにおける学びを取り上げ、生徒たちが何に焦点を当てるべきかを理解するのに役立つ具体的な言葉かけ（問い）をして、振り返りのプロセスを支援しましょう。たとえば、次のようなものがあります。

・あなたがフィードバックを与えていた作品について、どのようなことに気づきましたか？

---

(17)　教室を出るための切符として用いられている振り返りの方法です。

・そのことは、あなた自身の作品の見方をどのように変えましたか？
・クラスメイトからフィードバックを受けたとき、行動に移しやすいフィードバックとはどのようなものか、あなたの知識に基づいて考えてみましょう。活用できることと活用できないことを、どのように判断していますか？　また、行動に移しやすいフィードバックはあなたの学びをどのように促進させますか？
・先生に助けを求めようと思うのはどんなときですか？
・いつも同じようなフィードバックを受け取る傾向がありますか？　それとも、フィードバックの内容は常に変わっていますか？　この二つの状況は何を示しているのでしょうか？
■プロジェクトやワークショップの最初に設定した具体的な目標と、達成目標に照らしあわせたとき、どの程度到達できているのかを生徒に振り返ってもらいます。もし、目標に到達していたら、新しい目標を設定してもらいましょう。
■あなたが生徒の学びをより良く評価し、少人数のグループやクラス全体での授業に調整を加えられるように、生徒の振り返りを確認しましょう。
■振り返りのプロセスを通してさらに学びが深まるように、生徒自身の作品の具体的なエビデンス（証拠）を用いながら、必要に応じて振り返りを修正してもらいましょう。

生徒の振り返りを促す指導の詳細については、私の著書『*Teaching Students to Self-Assess: How Do I Help Students Reflect and Grow as Learners?*（生徒の自己評価を促す指導法——生徒の振り返りを促し、学習者として成長させるための方法）（二〇一五年・未邦訳）を参照してください。

次の第7章では、振り返りとフィードバックのプロセスにおいて、ＩＣＴがあなたと生徒をどのように支援できるのかについて見ていきます。

## 振り返りのための問い

❶あなた自身が取り組んでいる授業のカリキュラムについて振り返ってみましょう。エキスパート・グループの取り組みを使うとしたら、適切なところを考えながら、まずはあなたが、生徒たちに現在提供しているフィードバックについて振り返ってみましょう。

あなたのフィードバックは、将来のエキスパート・グループが模範とするほどしっかりしたものになっているでしょうか？　それとも、もっと充実させる必要があるでしょうか？　あなたが生徒に提供しているフィードバックが十分なものであるかどうかは、どのようにして分かりますか？　修正する必要があるとしたら、どこでしょうか？

❷現在の教室におけるあなたの役割について考えてみましょう。どうすれば、自分の存在感をより小さくすることができるでしょうか？　そして、次は生徒について考えてみましょう。

どの生徒がしっかりしていて、リーダーシップを発揮する可能性がありますか？　どの生徒が一対一での支援をより必要としていますか？　この両方に当てはまらない中間に位置する生徒の興味関心を低下させることなく、両グループの生徒のニーズを満たすためにはどのようにすればよいでしょうか？

# 第７章

# ピア・フィードバックを支えるＩＣＴの活用

ＩＣＴがピア・フィードバックにとっては不可欠とは言いませんが、学習の質を確実に向上させることは間違いありません。ＩＣＴを使えば、リアルタイムでの協働作業が容易になりますし、どこにいても生徒は学習にアクセスできます。また、生徒の作品がクラウドに蓄えられて、グーグル・ドキュメント（やマイクロソフトのOne Driveやアップルの iCloud など）でアクセス可能になると、学校に持っていくのを忘れるという心配もありません。

ＩＣＴは、学習と修正のプロセスを効率化し、セーフティネットも提供します。つまり、作業をしている作品が失われることは絶対になく、過去のフィードバックや修正版の収納／検索が可能なのです。

この章では、私がもっとも役に立つと考えるツールとアプリケーション、そしてグーグル・ドキュメント上でどのようにコメントするのかについて説明していきます。また、ブログを書くことやコメントをすることが生徒のフィードバックとディジタル・シティズンシップ(1)のスキルをどのように高めていくのかについても論じ、技術的な制限を回避する方法を提供します。(2)

## 私がもっともおすすめするツール

次に示すのは、私が頼りにしているフィードバック・アプリケーションやプログラムのリストです。もちろん、完全なリストではありませんが、私が頻繁に使っているツールの一覧です。これらは、フレキシブルで、無料もしくは費用が安く、簡単に使え、さらにフィードバックのプロセス（過程）にしっかりとした支援が提供できるという特徴を備えています。

**ボクサー（Voxer）**——ウォーキートーキーのアプリケーションは、生徒が持っているスマートフォンに無料でダウンロードできます。同じ場所にいないとき、音声でのフィードバックを伝えたり、交信したりする場合に最適です。また、音声による抑揚を意識することで、フィードバックをより受け入れやすくするだけでなく、コミュニケーションスキルの練習にもなります。

**スクリーンキャスト（Screencast-O-Matic, Jing, iMovie）**(3)——生徒が当事者意識をもって学び、クラスメイトのために入門クラスの動画をつくるのに最適な方法です。スクリーンキャストを使うと、動画を取り込んだうえで視聴者が見ているものにナレーションがつけられます。
エキスパート・グループは、クラスにいる多くの生徒が困っている課題に焦点を当てるときにこのツールを使っています。ショートムービーをつくれば、クラス全体にフィードバックと役立つ方法を提供することができます。フィードバックを受け取る生徒は、その方法を学ぶためにスクリーンキャストを必要に応じて参照し、修正の過程や今後別の課題に挑戦するときに見ることができます。時間が経つとともにクラスでは、必要なときに参照できる入門クラス用の動画リンク先のリストをつくりあげていきます。

**グーグル・フォー・エデュケーション（Google for Education）**——生徒の学習をクラウド[4]に保存

---

（1）情報技術の利用に関する適切で責任ある行為規範のことです。日本では「情報モラル」という言葉が使われる場合が多いですが、そこには社会をよくするためにＩＣＴを効果的に使い切るという発想が乏しいといえます。

（2）翻訳協力者から、「勤務校では私が生徒有志を募って『GIGA WAY CLUB』を組織します。自分たちの価値観（ＷＡＹ）を言語化して評価基準をつくり、自己評価する仕組みを校内につくろうとしています。これは、自分たちの文化、社会をつくる取り組みとなっています。生徒指導部がルールを押し付けたり、怒鳴ったりということを回避したいからです」というコメントをもらいました。生徒自身が自分たちを評価するツールをつくる「学習としてのアセスメント」では、説明責任としての評価ではなく、学びを育てる評価が生まれます。

（3）コンピューター画面を動画として記録するものです。または、記録された動画ファイルのことです。

（4）ユーザーがソフトウェアやデータの物理的な保存場所をインターネット経由で提供されるサービスの形態です。

すれば、生徒の協働とフィードバックにとって最適なプラットフォーム[5]となります。学校用のグーグル・アカウントをもつ生徒は、リアルタイムで協働し、コメントができるほかのアプリケーションのホストと一緒に、ドキュメント（文書作成）、シート（表計算）、スライド（プレゼンテーション）などのプログラムを使って、自分の作品をつくりあげるドライブにアクセスができます。一八一ページから一八六ページで、ドキュメントのコメント機能についてより詳しく説明します。

**ブログ（Blog）**——生徒が「本物」の声を磨き、かつ共有する方法で、オンライン・コミュニティー構築といった経験を提供することになります。クラスでブログをすると、生徒はディジタル・シティズンシップの技能を身につけ、フィードバックのオンライン共有を練習することができます。[6]

年齢に応じて、プライバシー設定のようなさまざまなオプションを備えた、無料で利用できるプラットフォームがたくさんあります。もし、あなたの学校ですでにグーグル・フォー・エデュケーションを使っているのなら、生徒は無料でブロガー（Blogger）[7]にアクセスできます。一八六ページから一九四ページで、ブログについてはさらに説明します。

以上のほかにも、次のようなアプリを使用しています。

**ペリスコープ（Periscope）**――欠席している生徒に授業を見せるため、動画配信を行うアプリです。何度も授業を見る必要がある生徒に、とても役立ちます。エキスパート・グループは、これを使ってクラスメイトとのやり取りを共有しています。

**スカイプ（Skype）**――クラスやグループ内に同時にいることができない生徒間のコミュニケーションを可能にするカンファランス・ミーティング用のアプリで、その場にいなくても生徒の参加を可能にします。これによって、生徒はオンラインで学習に参加できます。(8)

---

（5）「壇上」や「足場」という意味を語源にもち、コンピューターでは、ソフトウェアが動作するための土台（基盤）として機能するものを指します。たとえば、アプリケーションやソフトウェアにとってのオペレーションシステム（ＯＳ）、またＯＳにとってのＣＰＵをはじめとするハードウェアなどです。そのほか、複数のアプリケーションを一つの基盤上で展開する「クラウドコンピューティング」のような、ＷＥＢ上でのサービスもプラットフォームの一種といえます。身近な例では、グーグルの一連のサービス（Google Drive や Gmail など）やアップルのサービス「iCloud」がこれに当てはまります。

（6）翻訳協力者から「日本の授業文化に、アメリカの授業の道具が持ち込まれても理解されないという感じがあります。日本の授業のスタイルが『教え込み』なので、iPad があっても『調べ写し学習』になっているというのが現実です」というコメントをもらいました。ツールをまずは自分で使ってみて、その価値に納得したうえで、生徒と共有することが大切です。

（7）グーグル社が提供しているブログ・サービスのことです。

（8）今や、ズーム（Zoom）がこの分野では圧倒的なシェアを獲得しています。

**ツイッター（Twitter）**——正規ルートではない学習にも役立つ、ミニブログ（つぶやき）のためのソーシャルメディア用アプリです。生徒は質問をするためにクラスのハッシュタグを使って、役に立つリソース（資料・情報）や互いの作品へのコメントを共有します。無口な生徒でも、学習に関するクラスの討論に加われるという面で最適の方法といえます。

これらの基本的なツールを知ることに加えて、最新のアプリケーションをチェックする時間をとったり、生徒が使っているものを試したりして、教室環境のさらなる充実を図ってください。私が教えている生徒たちは、取り組みや学習を共有するために[9]インスタグラムを使っていますし、ほかの生徒の興味を引くためにインスタグラムのキャプションを書くことを好んでいます。また、インスタグラムは、ジャーナリズムのクラスで読者の関心を引くのに最適です。たとえば、写真を共有すれば、写真のキャプションをフォロワーに書いてもらうことができます。

もし、あなたがＩＣＴに詳しくない場合、それを妨げとして捉えず、クラスで新しいアプリケーションやツールを学ぶための「ランチ・ミーティング」を企画して、生徒たちに講師役を務めてもらうようにしてください。あなたは、教室において学習支援ができる新しいテクノロジーについて学び、一方生徒たちは、自らの学習に対する主体者意識を高めることになります。つまり、お互いの利益になるのです！

## グーグル・ドキュメントでコメントをする方法

私がクラスで使っている好きなツールは、断然グーグル・ドキュメント(10)です。なぜなら、ドキュメント上において、同時に見直しや編集、そしてコメントを生徒に書いてもらうことができるからです。とても便利なものです。

これは、文書作成を必要とするすべての教科で使えます。たとえば、算数・数学の教師は証明問題や代数に、理科の教師は実験のレポートや研究プロジェクトに、そして国語と外国語の教師は作文の課題に使うことができます。

とくにフィードバックが優先される場合、もっとも便利な機能はコメントツールです。これによって、生徒はテキストの特定部分に焦点を当て、その部分に対するフィードバックを右側のコメント欄に書くことができます。

本文の横に見えるコメントは、焦点を当てた本文の文章にリンクしています。生徒たちがコメ

(9)　説明の短い文章のことです。
(10)　まったく同じサービスが、マイクロソフトの「OneDrive（ワンドライブ）」でも得られます。

図7－1　グーグル・ドキュメントのコメントボックス

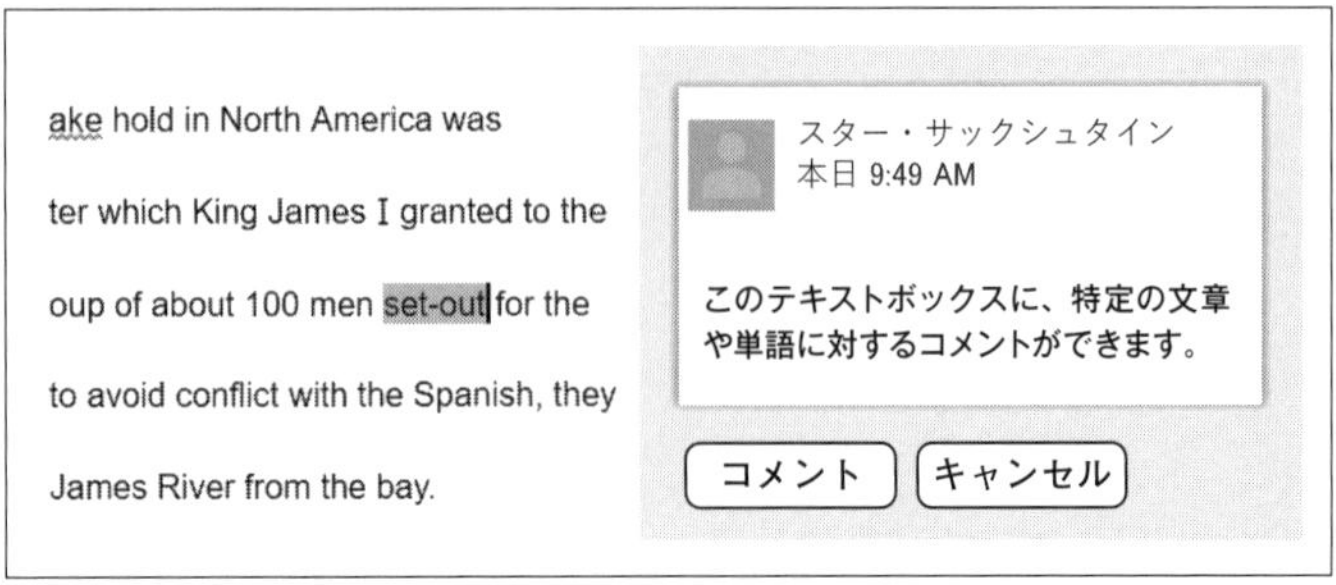


ントボックスを介して対話を行ったり、変更を加えたりしたら、そのコメントを削除します。

**図7－1**は、コメントボックスが実際どのようなものなのかを示したものです（左側は、本文のごく一部です）。

コメント機能を使えば、教師が赤線を引いたり課題を訂正したりするといった伝統的なやり方に代わって、生徒のための学びをサポートしながら実質的な対話が促せます。実際に生徒自身が見直すことを通して学ぶわけですから、自分で振り返ったり、修正したりする機会を奪うと、彼らの主体者意識を取り去ってしまうことになります。

コメント機能を使うのは簡単です。ユーザーは三つの方法でそれができます。

❶まずテキストに焦点を当て、次に「挿入」メニューに入って「コメント」をクリックすると、横にボックスが表示されます。

❷テキストに焦点を当て、テキストの横（新しい面）に現れる小さなコメントのアイコンをクリックします。

❸ショートカットキーを使います。パソコン上で「Ctrl + Alt + M」、Mac では「⌘ + Option + M」となります。

コメントボックスは、直接文字を打ち込めるテキストボックスです。コメントを書き込んだあと、ユーザーがするべきことはすぐ下にある「コメント」のクリックです。コメントは、ドキュメントにそのまま貼り付けられます。さらにユーザーは、「返信」ボックスに入力して「返信」をクリックすれば、コメントを付け加えるかどうかの選択ができます。

コメント機能を使った対話は、好きなだけ続けることができます。ドキュメントのオウナーがフィードバックを見終わったら、生徒はそのコメントを「解決済み」としてコメントを非表示にする」かどうかを自分で決めます。クリックをするとコメントが一時的にページから削除されますが、実際は消えていません。ドキュメントの右上にある「コメント」メニューへ移るだけですので、「再び開く」ことができます（**図７－２**参照）。

このようなセーフティネットがあるので、ドキュメントのオウナーとピア・レビューする生徒（そして、教師のあなた）がフィードバックを誤って消してしまうといったことが防げます。次ページの**図７－２**は、ユーザーがコメントを解決して再開していることを示しています。

コメントする機能に加えて、ワード・トラック・チェンジ〈変更履歴〉機能で、ユーザーが目

図7－2　コメントの解決と再開

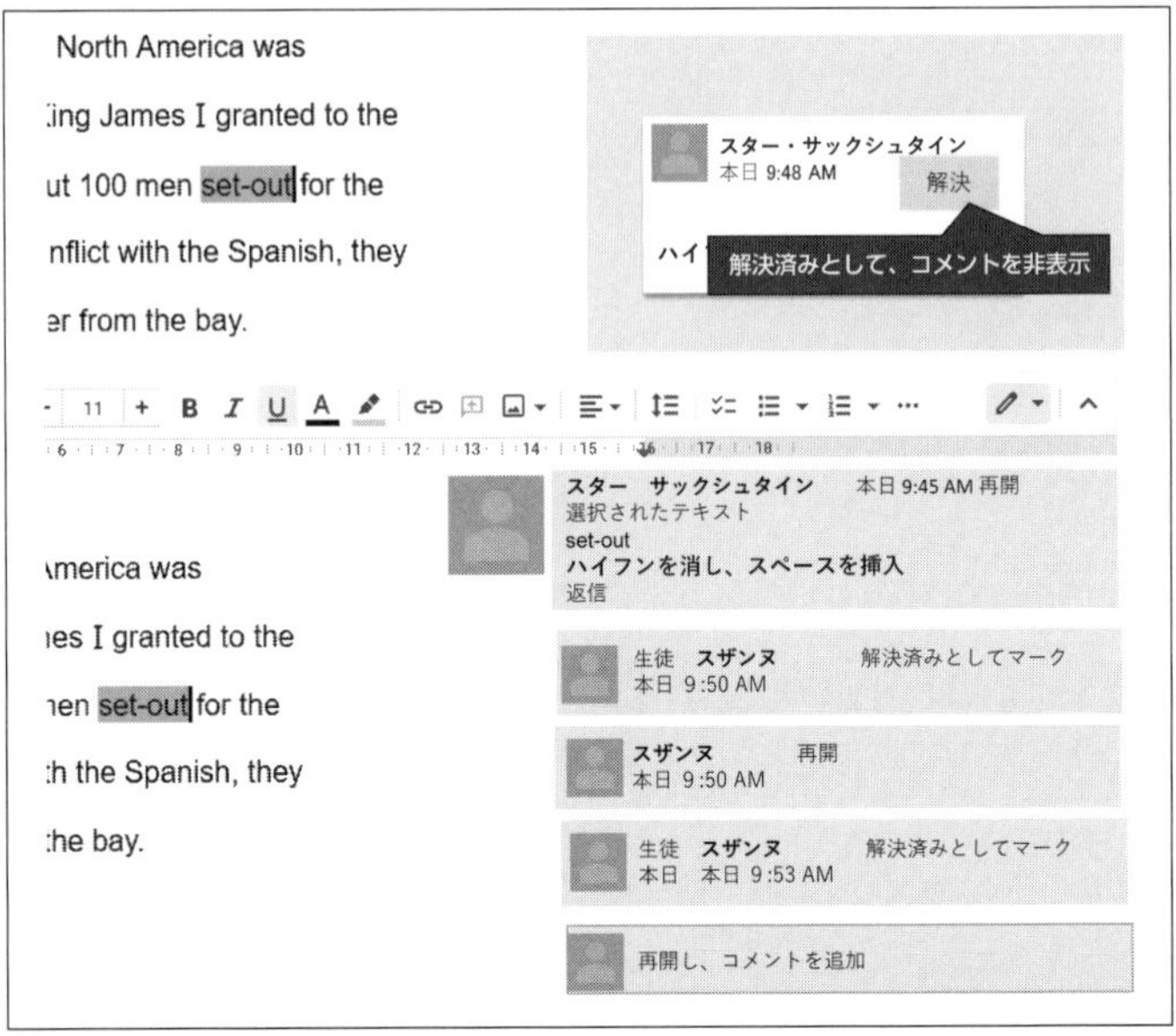


に見える変更を加えられるように「提案する」機能もあります。[11] 提案する機能への切り替えは、ドキュメントの右上にある「コメントボタン」をクリックするだけで「編集」に切り替わります（**図7－3**参照）。

　レビューする生徒が提案するときにはドキュメントのオウナーに通知され、オウナーはその提案を受け入れるか否かを判断します。提案を受け入れると自動的にドキュメントが修正されますが、それを拒否すれば元のままとなります（**図7－4**参照）。

　いずれにしろ、コメントや提案をした生徒は、ドキュメントのオウナーがどちらを選択したかについて通知を受

図７－３　編集から提案への切り替え

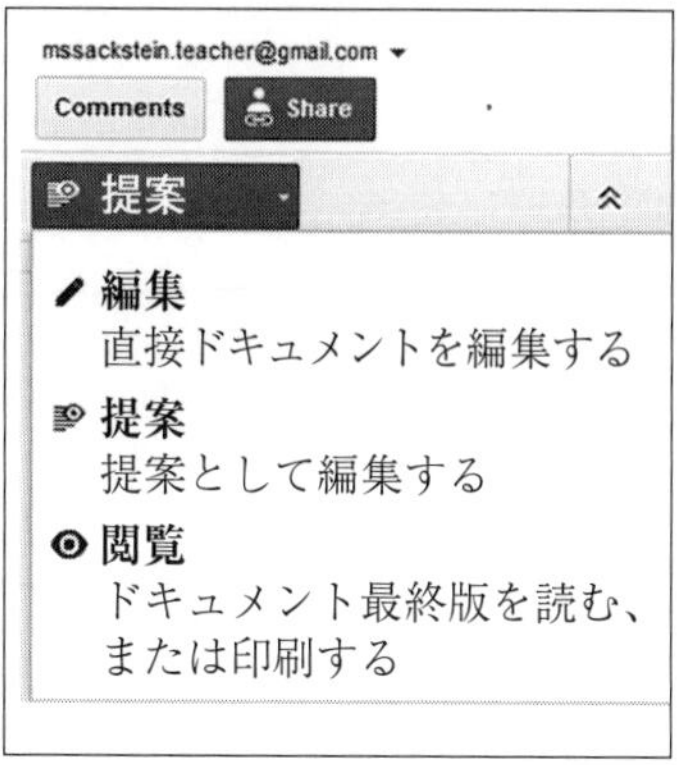


図７－４　提案受け入れか拒否か

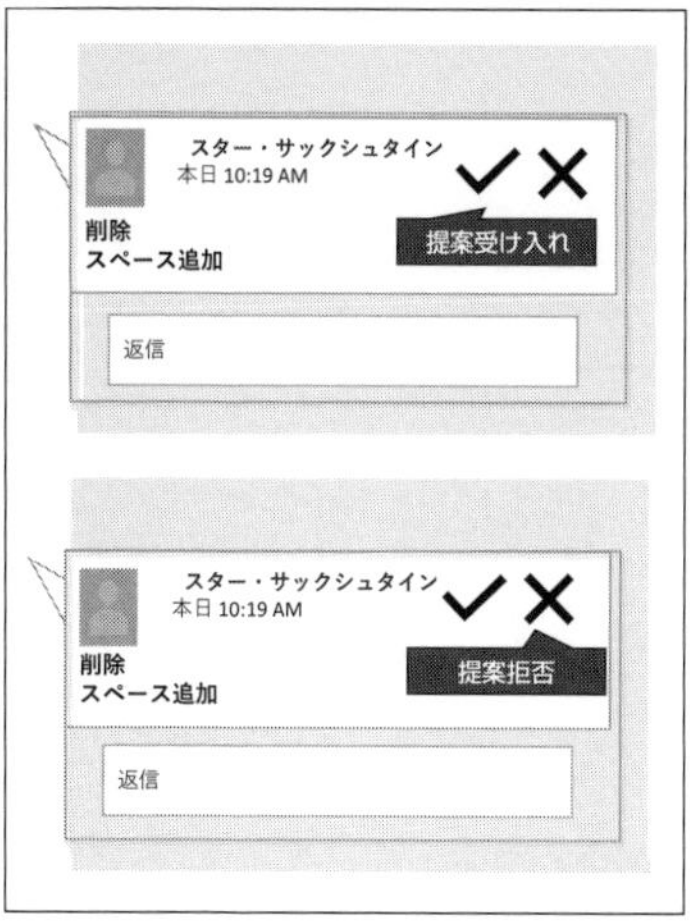


けることになります。

グーグル・ドキュメントのもう一つの長所は、コメントで人を「タグ付け」できることです。さらに、フィードバックを受け取るようタグ付けした人に対して、「ｅメール」での通知を自動的に送信することもできます。

誰かをタグ付けする方法は、ユーザーが「＋」（共有）を押して、その人のｅメールアドレスを入力するだけです。一旦タグ付けされると、再び使うときのためにその人のｅメールをプログラムが記憶します。

タグ付けをすることで、今行っている取り組みから関心が薄れず、定期的にドキュメントをチェ

(11)　これは、ワードの「校閲」→「編集履歴の記録」の機能と同じです。

ックする必要を生徒に思い出させることができます。一方、生徒は、いざというときに助けが求められるように、教師をタグ付けすることができます。

## ブログ、フィードバック、ディジタル・シティズンシップ

ブログやツイッターのようなソーシャルメディアは、生徒が自らの学習を表現したり、熟考したり、さらに教室を超えた状況で応用したりするためのすぐれた方法です。同じ興味関心をもっている人たちが、互いに共通していたり、対照的であったりする経験を共有するために世界中からそこに集まってきます。生徒がより深く考えるようになると、あなたの教室のフィードバック文化はさらに活性化されるでしょう。

**図７－５**は、私が授業でツイッターを使って、議論を深く掘り下げた例を示しています。会話を進め、深い思考を促す質問をして、私は生徒のツイートに応じています。ツイッターは、学習を公開して、生徒が学んでいる分野の専門家にアクセスする際にも最適です。

生徒がブログをするのは、読者向けの文章力を高めるための練習を重ねながら、ディジタル・シティズンシップを養う場合に最適です。生徒が書いたものを公のスペースに公表するときは、ただ共有するだけでなく、公開されているディジタル空間でフィードバックを使いこなして、ク

図７－５　深い議論へと導くツイッターの使用

スター・サックシュタイン

@mssackstein

フォロー

これの目的は何ですか？　オースティンはなぜこのような登場人物をつくったと思いますか？ # wjpsaplit（＊1）

アリシア　@AliciaWJPS

登場人物の中には、成長し、よく変化する者がいます（エリザベスとダーシー）。（＊2）

（＊１）著者が勤務する学校の名前とコースを示すアカウント です。
（＊２）ジェイン・オースティンの小説『高慢と偏見』の主人公たちです。

ラスメイトに対して意味のあるフィードバックを提供していることも確認したいです。

ブログとソーシャルメディアでは、フィードバックと対話のほとんどがコメントから生じます。したがって、注意深く扱わなければやっかいな問題が生じることもあります。

ペンシルヴァニア州サリスベリー教育委員会においてＫ－12(12)対象の指導主事をしているロス・クーパー先生は、生徒が質の高いコメントをするためにどのような支援ができるのかについて次のように説明してくれました。

---

(12)　Ｋは幼稚園の年長を、12は高校の最終学年を表します。アメリカの高校は四年制と決まっていますが、中学校は教育委員会によって、二年制、三年制、四年制、小中一貫などとさまざまとなっています。

ブログをする利点の一つは、読者がアクセスできるだけでなく、内容に対してコメントできる仕組みが備わっていることです。そのため教師は、書くジャンル[13]とは別のものとして、ブログやブログのコメントにアプローチすべきです。つまり教師は、時間をかけて、質の高いコメントを残すための指導を行う必要があるということです。

もっともしたくないのは、「質の高いコメントに含まれるのはこれらです」と、生徒に対して言ってしまうことです。コメントを書くのに必要とされる要素を生徒が「見つけだせる」ように、私たちはモデルで示す必要があります。そうすることによって生徒は、なぜそれらの要素が重要なのかについてより深く理解しますし、それらを使いこなせるようにもなります。そのやり方は次のようなものです。

❶小グループで、実際に書かれたブログのコメントをみんなで検討します。そのコメントは、事前に教師が吟味したものである必要があります。検討する間、生徒はコメントを「よい」と「悪い」に分類します（「よくない」、「よい」、「とてもよい」、「素晴らしい」とレベル分けするとさらに詳細になります）。

❷小グループのままで、生徒は「よい」分類に取り組みます。コメントの一つ一つに対して、「よい」とされる点を付箋に書きだし、コメントそのものに貼りつけます。

❸クラス全体で集まり、グループのメモとその根拠となるコメント（証拠）を紹介し、話し

合います。その過程で、質の高いコメントの特徴についてリストをつくります。その後、教師は、生徒全員がそのリストに記された内容を理解しているかどうかを確認し、いつでも、どこでも生徒が使えるように教室に貼りだしたり、一人ひとりにコピーをわたします。

このような流れで実際に小学四年生たちがつくりだしたコメントの大切な要素は、次のようなものでした。

公表する前に校正すること（綴りと文法）、時間をかけること、適切な長さにすること、サポートしあうこと、正直であること、創造的であること、サンドウィッチ型の作文[14]にすること、書く前に構想して書きはじめること（アウトラインや下書き）、具体的であること（あなたが注意深く読み、そのブログについてよく考えてコメントをしていると筆者に知らせる）、建設的な批評をすること、ブロガーやほかの人とやり取りをしようと努力すること（その際、質問をすることが助けとなります）。

実際、質の高いコメントをするというのは、教師と生徒が取り組んでいる作品にフィード

---

(13)　書くジャンルには、通常の作文を書く以外に、物語、説明文、詩や俳句などさまざまなものがあります。

(14)　「はじめ」、「中」、「おわり」の構成で書きます。「はじめ」と「おわり」に主張を書き、「中」は理由や例示などでより詳しく補足します。

バックを提供する場合と同じ位置づけとなります。ジョン・ハッティ[15]［参考文献4］によれば、それは生徒の成績に影響を与える指導法の「トップ10」の一つとなっています。そのため、一つの選択肢は、効果的なフィードバックとはどのようなものかを検討することです。その後、クラスで質の高いコメントの特徴をまとめるとき、検討した結果が反映されるように生徒の会話を導きます。もう一つの選択肢は、フィードバックはどのように与えられるべきかを繰り返し力説するような、直接的な指導をもっと行うことです。

別の教育者が、「効果的なフィードバックの七つの鍵」［参考文献9］というタイトルの論文のなかで、その特徴を紹介しています。それらは、目標志向、具体的かつ率直、行動に移せる、メッセージが容易に受け入れられる形式での提示、タイムリー、継続的、そして一貫性です。生徒の成績に影響するため、単純化する形でハッティは次のように述べています。「フィードバックは、『私はどこに向かっているのか?』、『どうやってそこに行けばいいのか?』、『次は何をすればいいのか?』という三つの問いに応じていなければならない」

生徒はフィードバックについて学べば学ぶほど、単にブログを書くだけではなく、すべての課題においてこのやり方が使えるようになります[16]。生徒は、プロジェクト学習の約半分で、また数えきれないほどの課題や活動においてグループで学習に取り組みました。コメントをすることやフィードバックに関連した授業の結果、生徒は教師から学んだだけではなく、継続して互いに学びあえるようになったのです。つまり、生徒が自分の知識を進歩させ、取り組みを前進させるとき、私は彼らとともにいる必要がなかったということです。

生徒中心の学習へと学びの責任が移行していくなかで生徒たちは、自らの取り組みと互いの取り組みをモニターするだけの自信をもったといえます。

次ページに掲載した**図7－6**で示す例について考えてみましょう。ＡＰ文学と作文を学んでいる生徒のブログから引用したものです。生徒たちは、投稿が自分自身の経験にどのように関連し、のちに続く対話の何が、ていねいで深く考えさせるものになるのかについてともに考えています。クーパー先生が提案したように、コメントをするために原稿を書けば、ディジタル面のフィードバックのスキルが高まります。

ブログは国語の授業のためだけにあるものだ、と一般的には誤解されています。これは、正に公開の場で考えを共有するツールなのです。小学校からはじめれば、どの教科でも、どの論点や

(15)　三ページの注（2）を参照してください。
(16)　このアプローチをさらに学校改革や授業改革に応用しているのが『教育のプロがすすめるイノベーション』ですので参考にしてください。

図7－6　ブログへの質の高いコメントの例

コメント数：7
アリッサ・カン　　　2015年9月14日午後1時25分

こんにちは！

劇中のヴァイオラ(*1)の描写は、まるでハンナ・モンタナ(*2)の人生を生きているように私には感じられました。二人とも二重の人生を送っていて、人によい印象を与えようと必死に頑張っています。誰かを感動させるために自分を偽る必要はありませんが、私たちの年齢の多くの人がそうしているように感じます。彼らは自分に価値がないと感じていますし、そのことに私も共感します。

あなたのユーモラスな調子でありつつ、シリアスな感じも兼ね備えているところが私は好きです。それが、自分との関連を見つけたり、この劇に対してちょっとした自分なりの視点をもてたことなど、とても役立ちました。あなたが言っていたことから、この脚本を再読して確認する必要があると思いました。登場人物や劇中の主要な部分を説明してくれていたところが、とくにありがたかったです！

返信
アリッサ　ストリアノ　2015年9月15日午後1時36分
ありがとうございました!!!

（＊1）シェイクスピアの戯曲『十二夜』の主人公です。

（＊2）アメリカの「ディズニー・チャンネル」と「ABC テレビ」で放送されたテレビドラマです。主人公マイリー・スチュワートは、普通の女の子として学校生活を楽しんでいますが、実はポップスター「ハンナ・モンタナ」という秘密のアイドルとして別の世界で活躍しています。

単元においても、議論を育てるために使えるようになります。

たとえば、環境科学の授業では、地域の水の質や空気汚染に関してブログやコメントができます。外国語を学んでいる生徒であれば、研究対象の言語が話されている世界のどの場所の出来事についても、ブログに書いたりコメントができるのです。果てしなく可能性が広がるということです。

すぐれたフィードバックを提供するための基本的なやり方を理解したら、生徒はソーシャルメディアにおいて質の高いコメントを書くだけの準備ができているはずです。クーパー先生が提案していたように、ブログにコメントをするというのは、ほかの学習でピア・フィードバックをしあう場合と同じなのです。

ただ、誰もが見える形で公に行われているという決定的な違いがあります。読者がいると、書き手はフィードバックを受け取ることに対して臆してしまいます。それを防ぐためには、意見の相違を避けるのではなく、具体的かつ励ませるように「書く方法」を教えることが重要となります。意見の相違を表明するというのは、双方が考えている内容を対話で確認することであって、批判が目的とはなっていません。

生徒は、対面した場合と同じようにオンラインで自分自身を表現し、行動することを学ぶにつれて、すぐれたディジタル・シティズンシップのスキルを身につけます。ディジタル・シティズンシップについては、近年、その優先順位が高まっており、必ずしも学習と直接つながっていなくても、生徒が教室外で行っていることに直結しています。

もし、あなたが、ブログやツイッターにおけるフィードバックのすぐれた使用法をモデルとして示していたら、生徒は広く応用できることを理解するだけでなく、同じ方法でクラスメイトと会話をはじめるでしょう。

## ICT利用について制約がある場合の対処法

学校の外には無限のＩＣＴのツールとプログラムがありますが、学校の中は必ずしもそうなっていません。あなたの学校の環境にあわせて、ある限定条件のもとで取り組む必要があります。

ＩＣＴ機器が不足している状態に打ち勝つ方法は、もし学校が認めるならば、ワークショップのある日に「ＢＹＯＤ」の方針[17]を打ちだすことです。そうすることで生徒は、自分のＩＣＴ機器を学習サポートとして使えるようになります。

もし、誰かがスマートフォンを持っていない場合は、持ち込み可能な日に学校のパソコンを提供して、クラスメイトと共有できるようにするべきです。それができない場合は、課題を考える際、ＩＣＴ機器を使わないでも生徒がやり遂げられるようなアナログの方法を検討しましょう。

幸いなことに、ＩＣＴ関連のツールがどんなに素晴らしいものであっても、求めている成果を達成するための唯一の方法であるとはいえません。エキスパート・グループを効果的に使って、ＩＣＴ機器がなくてもピア・フィードバックをクラスに取り入れることができます。

たとえば、教室の中に、やり取りをするためのコーナー(18)をいくつか設けることができます。生徒は印刷した文章をそこに置き、それについて検討するクラスメイトは、誰がどのフィードバックを提供したのかが分かるように、色が違う付箋に書いて置いておきます。また、ワークショップの時間に、生徒同士でも小グループでも、必要に応じて自由にカンファランスが行えるようにします。

このような設定は、各コーナーが異なる実験や学習課題をこなすことになっている理科のような教科では特別の意味をもちます。たとえば、生徒が三種類の岩石について学んでいるとき、それぞれの岩石ごとに生徒のエキスパートがいるとします。それぞれの生徒は教室内の各コーナーを移動して、実験や自分のプロジェクトを進めながら情報を収集します。自らは一種類の岩石に

---

(17)（Bring Your Own Device）私物のスマートフォンやタブレット、パソコンなどといった端末機器を学校に持ち込んで学習に利用することです。

(18) 教室内で生徒が同時にたくさんの異なる活動に取り組む場所のことです。（英語名はStation）Ｃ・Ａ・トムリンソン『ようこそ、一人ひとりを生かす教室へ』の一二〇〜一二七ページを参照してください。

ついてしか知識がないわけですから、ほかの種類の岩石に関する情報を得るためには、ほかのエキスパートとネットワークをつくる必要があるということです。

いかなる教科で何が教えられていようと、ワークショップの教室は柔軟でなければなりません。生徒が教室内を自由に動き回れるようにすることが大切です。たとえば、机よりもテーブルを使ったほうが協働的な学習環境がつくれます。また、生徒が床に座ったり、円になったりすることができる場所をつくると、お互いが対等であるという雰囲気で話し合えます。もし、一人掛けの小机[19]しか利用できないのなら、縦列に並べるよりも小グループでまとまれるように並べることを検討してください。

ＩＣＴが使えないワークショップにおいて検討すべきもう一つ大事なことは、時間の管理です。生徒と教師が夢中になって課題に取り組むと、時間というものは早く過ぎ去るものです。タイマーを使ったり、一人の生徒に、「時間が残り少なくなったときに警告する」というタイムキーパーの役割を与えてください。また、学んだことが生徒自身のものとなるように、授業時間の終わりに振り返りやまとめの時間をとることも大切です。考えたことをノートに書いて保存すれば、次の日に学習をはじめるとき、短時間で思い出すことができます。

＊＊＊＊

私たちが望むと望まないにかかわらず、ＩＣＴは学習に取り組む方法を変えます。もし、それを使える状況にあるなら、生徒をエンパワーする方法で使うべきです。(20) ＩＣＴが進化するにつれ、生徒がたどり着くであろうステージをイメージして、二一世紀型スキル(21)が身につけられるように、私たちの実践もさらに向上させる必要があります。

## ▼▼▼ 振り返りのための問い

❶授業時間をどのように過ごしているのかについて考えてみてください。

❷あなたの教室は、学ぶことに関してどのようなメッセージを発信していますか？　柔軟ですか？　さらに柔軟な学習環境にするために、明日あなたができることは何ですか？

---

(19)　肘が置けるように片側だけ細長く延び、「片腕の盗賊」と名付けられた小さな学校机のことです。欧米では、数人が協働で学べるように、丸いテーブルを教室に配置していることが多いです。

(20)　五ページの注（４）を参照ください。

(21)　グローバルな経済社会で活躍するために必要とされるコミュニケーション、協働、創造、クリティカルな思考、情報リテラシーなどのことです。

# おわりに

生徒が主役となっている教室では、生徒自らが学ぼうとします。教師の支援に頼りすぎるような生徒を、そのような教室で見かけることはまずないでしょう。生徒がリーダーやエキスパートになるようにエンパワーしたからといって、教師としてのあなたの役割がなくなるわけではありません。むしろ、あなたの役割自体が「更新された」と捉える必要があります。あなたの仕事は、かつてないほど重要なものになります。生徒が自らの学習により多くの責任と主体性をもつようになると、あなたは生徒を導き、そして生徒の学びを大きく進化させることに集中できるようになります。

フィードバックを与えたり受け取ったりすることは重要なライフスキルであり、間違いなく、学校を卒業したあとでも役立ちます。高等教育や職場のような環境でも、振り返ったり、効果的に協働したりすることから生じる自己認識やコミュニケーションのスキルは継続して成長を高めます。生涯にわたって学習する人は、進歩し、より良い人間になるための努力を続けますので、常に肯定的なフィードバックと建設的な批判を聞きたいと願っているのです。

生徒たちと彼らが属しているコミュニティーにおいてピア・フィードバックを前向きに受け入

れてもらうためには、そのスキルや価値を積極的に提唱していく必要があります。問題点に気づいて対処するだけでは不十分です。時間をかけて、相手に届くような意味のある伝え方をすることが重要です。

もちろん、生徒はフィードバックの伝え方を練習しなければなりません。なぜなら、改善の必要を認識するのと同じくらい、フィードバックを受け取る方法を考えることが大切だからです。生徒たちが自らの考えを共有する際には、フィードバックは役立つものであり、決して害を与えるものであってはならないという点を踏まえておく必要があります。

学びのコントロールの仕方を教えてもらい、率先して主体的に取り組むようにエンパワーされたとき、いかに有能になれるのかについては、新聞の授業を受けている生徒たちが証明してくれました。この授業のルーティンは、通常行う作業に組み込まれていますので、私がいなくてもクラスは機能し、学習は継続されていきます。教師がいなくても授業が成立している様子をほかの教師に見てもらおうとして、生徒が学んでいる授業風景をペリスコープで動画配信したこともあります。また、数年前には、ほかの学校でも試せるように、私たちが行っている取り組みを宣伝するビデオを生徒に作成してもらいました。

何も知らない人が私の教室を入り口からのぞき込むと、生徒が教室の中を自由に動き回っており、私が教室の端で生徒のじゃまをしないようにポツンと立っていたり、歩き回っているだけのように見えるでしょう。それぞれの生徒は、自分で選んだ課題に取り組んでいます。そして、いくつかのテーブルでは、本当の（必要に迫られた）協働作業が行われています。たとえば、ウェブ[1]のチームであれば、一緒に座って記事を投稿し、編集者役の生徒とコミュニケーションをとり、ファクトチェッカー[2]や写真を担当する生徒とやり取りをしています。生徒たちは、お互いの作業から何が期待できるのかが分かっています。そして、理解と信頼の絆を深めて、グループとしてともに成長しているのです。

　年度の半ば、翌年のリーダーシップを引き継ぐ生徒とともに作業をはじめるとき、現在の編集者役の生徒と私は、下級生はまだ準備ができていないのではないか、と時折心配します。しかし、教師も生徒も、思い切ってお互いに信頼しなければなりません。自分たち自身とルーティンとなった作業を信じて、あとは祈るしかないのです。そして、すべてのチームが、作業の流れ、プロセス、新聞を自分たちのものにしなければならないのです。

　そのためにも、年度初めに調整期間を設けることが不可欠となります。教師として、そうする必要があるということです。

　ある時点で教師は、教室の前から離れ、赤ペンを下に置き、指揮系統から抜けだすというリスクを冒さなければなりません。そうすれば、最悪の事態が起きたとしても大きな問題とはならないでしょう。生徒と自分の教え方に自信をもってください。サポートが必要なときはいつでもそばにいることを、生徒に思い出させてください。そして、素晴らしいことが起こる日を待ちましょう。

### 振り返りのための問い

❶人生において、あなたはどこでフィードバックを求め、それを得るためにどんなアプローチをとりますか？ それがあなたに届くまで待つことはできますか？ あるいは、フィードバックを積極的に得ようと努力しますか？

❷生徒のことを考えてみてください。彼らが、日常生活で受け取るフィードバックを使いこなし、より思慮深く自立的な学習者になるためにあなたは何をしますか？

(1) インターネット上で標準的に用いられている文書の公開・閲覧システムのことです。
(2) 記事の内容が事実かどうかを調査・分析する人です。

# 訳者あとがき――対話的な学びの実現のために

学びの質を高めるためには対話が重要だといわれています。自分の発した言葉が相手に受け止められ、相手の言葉が自分に返ってきて、自らのうちに取り込まれることで学びが深まっていきます。そのような対話的な学びの実現のために、フィードバックを正しく理解し、実践していくことは欠かせない要素であるといえます。なぜなら、フィードバックとは広い意味をもつ複雑な言葉ですが、そのなかに授業におけるあらゆる場面での対話が含まれているからです。

互いにどのようなフィードバックをしているのかについて見直すことで学びを可視化したり、受け取ったフィードバックをきっかけにして思考を深めるといった機能もあります。少し恥ずかしい気もしますが、そのような機能の重要性に私自身が徐々に気づいていった経緯について紹介させてもらいます。

フィードバックという言葉は知っていましたし、その意味も漠然と捉えていると思っていたのですが、それがうわべだけのものであったことを自覚したのは、そんなに昔のことではありません。長く教員生活を続けていて、特別支援教育の視点で子どもの学習や自分の学級を見直したいと考えるようになったときのことです。

最初のうちは、非常に限定的に考えていました。たとえば、「心理測定検査の結果を、カウンセラーとともに保護者に伝えるとき、どのようにしたら相手を傷つけず、子どもの成長発達について手を携えて支援していけるのか」とか「ＡＤＨＤ（注意欠如・多動症）の傾向のある子どもたちには、問題行動のあったとき即時にフィードバックを伝えて、行動調整していかなければならない」などといった考え方です。

これらもフィードバックの範疇に入りますが、より良いフィードバックの伝え方を探ろうと内外の文献を渉猟《しょうりょう》しているうちに、フィードバックとは単に評価の情報を返すことだけではない、ということに気づきました。

まず、教室の言葉かけについてです。

「学習の困難が大きいのではないかと感じている子どもがいるとき、その子どもが間違えると、正しい答えにたどり着くまで何度も質問を繰り返したことはなかったか。また、その子どもがうまく答えられないかもしれないと思い、ほかの子どもを指名しなかったか」

「態度が気になる子どもがいたら、認識を深める質問を中断してでも、その子どもの態度の悪さを先に注意しなかっただろうか」

今思えば反省することばかりですが、授業をつつがなく進行させることや態度矯正のほうが学習の質を高めることよりも重要だ、と思い込んでいたのです。自分の授業を振り返ったとき、教室の日常風景のなかにフィードバックが埋め込まれていると分かりました。そして、効果的なフィードバックは滅多に起こらないものであり、効果がなかったり、マイナスの効果をもったりするフィードバックが多いという事実にも気づきました。

次に気づいたのは、フィードバックが教師から子どもへのものだけではなく、子どもから教師に対するものがたくさんあるということです。これに気づけると、指導の改善につながる「指導と評価の一体化」の一端となります。

また、豊かな対話のなかで学びを深めるために提供しあう子ども同士のフィードバックや、授業づくりをサポートするための教師同士のフィードバックが非常に大切であると考えるようになりました。

もちろん、自分自身のなかにさえフィードバックは存在するのです。たとえば、人からフィードバックをもらったり本を読んだりしたとしましょう。そのなかの言葉ではっとしたり、反芻して自分の言葉として使ったりしたことはありませんか？　フィードバックを伝える源となるものは、身の回りに豊富に存在しています。

さらに、フィードバックは提供者の立場だけでなく、受け取る側の立場が重要だということについても徐々に明らかになってきました。どんなに素晴らしいフィードバックを提供したとしても受け取る側はさまざまなので、常によいものや活用できるものとして受け取らないかもしれません。逆に、何気ないひと言でも、受け取る側にとっては改善に役立つものになるかもしれません。

受け取る側がしっかりと受け取って使いこなすことが重要で、それができて初めて効果的なフィードバックになります。しかし、いったいどうしたらフィードバックのよき提供者と受け取り手に育つのか、私はよく分からずに悩んでいました。

本書を読んで、より良いフィードバックの実践について一つの道筋が見えてきました。対話的にフィードバックを伝えあい、活用するための過程を一つ一つ積み重ねていけばよいのです。さらに練習を重ねることで、ここで紹介されている教師と生徒相互のフィードバックのみならず、保護者との間や教師同士でピア・フィードバックを提供しあう関係が築けるといった可能性が広がります。

私は、同僚から自分の授業についてクリティカルな言葉をもらったとき、それを単なる批判や非難と思わず授業改善にいかすことで提供者との関係がより良くなり、さらなる授業改善につながりました。フィードバックについては、すでにたくさんの本が著されていますが、実践現場における練習方法についてここまで具体的に書かれたものは「ほとんどない」と言ってもよいでしょう。ぜひ本書を、対話による授業改善を目指している教師のみなさんに読んでいただきたいと思っています。

最後になりましたが、原稿の段階からよきピア・フィードバックを提供してくれた、岩井健太さん、佐藤可奈子さん、清水佑太さん、白鳥信義さん、濱田眞さん、吉川岳彦さん、そして本書を読者のみなさんに届くように尽力してくれた、武市一幸さんをはじめとする株式会社新評論のみなさんに深く感謝します。

二〇二一年八月

山本佐江

2017年
・ブース、デイヴィッド『私にも言いたいことがあります！――生徒の「声」をいかす授業づくり』飯村寧史ほか訳、新評論、2021年
・ボス、スージーほか『プロジェクト学習とは――地域や世界につながる教室』池田匡史ほか訳、新評論、2021年
・ホルズワイス、クリスティーナ・Aほか『学校図書館をハックする――学びのハブになるための10の方法』松田ユリ子ほか訳、新評論、2021年
・吉田新一郎『テストだけでは測れない！――人を伸ばす「評価」とは』NHK 出版（生活人新書、2006年
・吉田新一郎『読み聞かせは魔法！』明治図書、2018年
・吉田新一郎『改訂増補版　読書がさらに楽しくなるブッククラブ』新評論、2019年
・リンダ・S・レヴィスティックほか『歴史をする――生徒をいかす教え方・学び方とその評価』松澤剛ほか訳、新評論、2021年

## 訳注で紹介した本の一覧

・アトウェル、ナンシー『イン・ザ・ミドル――ナンシー・アトウェルの教室』小坂敦子ほか訳、三省堂、2018年
・エンダーソン、マイク『教育のプロがすすめる選択する学び――教師の指導も、生徒の意欲も向上』吉田新一郎訳、新評論、2019年
・オストロフ、ウェンディ・L『「おさるのジョージ」を教室で実現――好奇心を呼び起こせ！』池田匡史ほか訳、新評論、2020年
・クーロス、ジョージ『教育のプロがすすめるイノベーション――学校の学びが変わる』白鳥信義ほか訳、新評論、2019年
・サックシュタイン、スター『成績をハックする――評価を学びにいかす10の方法』高橋裕人ほか訳、新評論、2018年
・ジョンストン、ピーター『オープニングマインド――子どもの心をひらく授業』吉田新一郎訳、新評論、2019年
・スペンサー、ジョンほか『あなたの授業が子どもと世界を変える』吉田新一郎訳、新評論、2020年
・トープ、リンダほか『PBL――学びの可能性をひらく授業づくり』伊藤通子ほか訳、北大路書房、2017年
・富田明広ほか『社会科ワークショップ』新評論、2021年
・トムリンソン、C. A.『ようこそ、一人ひとりをいかす教室へ――「違い」を力に変える学び方・教え方』山崎敬人ほか訳、北大路書房、2017年
・トムリンソン、C. A. ほか『一人ひとりをいかす評価――学び方・教え方を問い直す』山元隆春ほか訳、北大路書房、2018年
・ハッティ、ジョン『教育の効果――メタ分析による学力に影響を与える要因の効果の可視化』山森光陽監訳、図書文化社、2018年
・バーンズ、マークほか『「学校」をハックする――大変な教師の仕事を変える10の方法』小岩井僚ほか訳、新評論、2020年
・ピアス、チャールズ『だれもが科学者になれる――探究力を育む理科の授業』門倉正美ほか訳、新評論、2020年
・フィッシャー、ダグラスほか『「学びの責任」は誰にあるのか――「責任の移行モデル」で授業が変わる』吉田新一郎訳、新評論、

# 参考文献一覧

(1) Brookhart, S. M. (2008). How to give eff ective feedback to your students. Alexandria, VA: ASCD.
(2) Duckworth, A. (2016). Grit: The power of passion and perseverance. New York: Scribner.（ダックワース、アンジェラ『やり抜く力』神崎朗子訳、ダイヤモンド社、2016年）
(3) Dweck, C. (2007). Mindset: The new psychology of success. New York: Ballantine Books.（ドゥエック、キャロル『マインドセット「やればできる！」の研究』今西康子訳、草思社、2016年）
(4) Hattie, J. (2012a). Feedback in schools. In R. M. Sutton, M. J. Hornsey, & K. M. Douglas (Eds.), Feedback: The communication of praise, criticism, and advice (pp. 265–278). New York: Peter Lang.
(5) Hattie, J. (2012b). Visible learning for teachers: Maximizing impact on learning. New York: Routledge.（ハッティ、ジョン『学習に何が最も効果的か：メタ分析による学習の可視化：教師編』原田信之ほか訳、あいり出版、2017年）
(6) National Governors Association Center for Best Practices & Council of Chief State School Officers. (2010). Common Core State Standards for English language arts and literacy in history/social studies, science, and technical subjects. Washington, DC: Authors.
(7) Sackstein, S. (2015). Hacking assessment: 10 ways to go gradeless in a traditional grades school. Cleveland, OH: Times 10 Publications.（サックシュタイン、スター『成績をハックする：評価を学びにいかす10の方法』高瀬裕人ほか、新評論、2018年）
(8) Sackstein, S. (2015). Teaching students to self-assess: How do I help students reflect and grow as learners? Alexandria, VA: ASCD.
(9) Wiggins, G. (2012, September). Seven keys to effective feedback. Educational Leadership, 70 (1), 10–16

## 訳者紹介

### 田中理紗（たなか・りさ）

私立かえつ有明中・高等学校　サイエンス科・プロジェクト科主任。帰国生教員。東京学芸大学教職大学院にて、新学習指導要領と国際バカロレアに関する研究にも取り組んだ。

### 山本佐江（やまもと・さえ）

帝京平成大学准教授。東京で公立小学校の教員をしている間、矛盾を感じていた評価についてより深く学びたいと思い、東北大学大学院教育学研究科教育設計評価専攻にて学ぶ。博士（教育学）。

### 吉田新一郎（よしだ・しんいちろう）

スターさんの本はこれで３冊目ですが、どれも生徒中心の学びを実現するために、教師はサポート役に徹することで一貫しています。問い合わせは、pro.workshop@gmail.comへどうぞ。

ピア・フィードバック
——ICTも活用した生徒主体の学び方——

2021年10月10日　初版第１刷発行

訳　者　田中理紗
　　　　山本佐江
　　　　吉田新一郎

発行者　武市一幸

発行所　株式会社　新評論

〒169-0051
東京都新宿区西早稲田３-16-28
http://www.shinhyoron.co.jp

電話　03(3202)7391
FAX　03(3202)5832
振替・00160-1-113487

落丁・乱丁はお取り替えします。
定価はカバーに表示してあります。

印刷　フォレスト
装丁　山田英春
製本　中永製本所



Printed in Japan
ISBN978-4-7948-1193-6